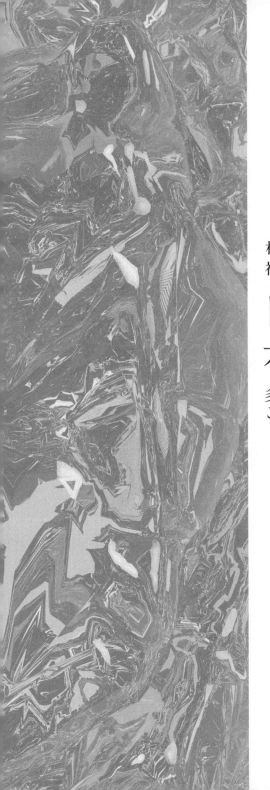

村田晶子 編著
神吉宇一

日本語学習は本当に必要か

多様な現場の葛藤と
ことばの教育

明石書店

はじめに

　日本の経済力の低下、教育のグローバル化と英語化、テクノロジーや機械翻訳の発展など、様々な時代の変化が起きているなかで、日本語を教えること、学ぶことの意味や価値は揺らいでいます。本書ではそうした時代の変化のなかで、日本語教育、日本語学習にかかわっている人々が感じている疑問、葛藤を分析し、そこから未来のことばの教育について考えていきます。

　少子高齢化による人手不足が深刻化するなかで、外国人労働者の受け入れ拡大のための環境整備が進められており、日本語教育に対する政治的・社会的な注目度は高まっています。しかしその一方で、日本の経済力の低下、為替の変動（円安）などに伴う外国人労働者の日本離れも懸念されており、日本が優秀な外国人労働者に選ばれなくなるのではないかと危惧する声もあります。また、教育のグローバル化、英語化の流れのなかで、英語圏以外の大学においても英語で専門科目を学べる英語学位コースの設置が増えており、世界的な留学生の獲得競争が激化するなかで、日本の高等教育においても英語学位プログラムが2010年代から増加しています。英語学位プログラムは、日本語の学習歴がない、あるいは少ない留学生が日本語の勉強に時間やお金をかけずに日本の大学に入学し、英語で専門科目を学ぶことを可能にしており、そうしたプログラムの多くでは、日本語は学んでも学ばなくてもよい、グレーゾーンの位置づけとなっています。加えて、AIの飛躍的な発達、機械翻訳の性能の向上によって、テクノロジーを用いれば日本語を学ばなくとも基本的な情報を得たり、コミュニケーションをとることが可能になってきており、わざわざお金と時間をかけて外国語を学ぶ意義や価値は、揺らぎつつあります。こうした変化のなかで「本当に日本語教育や日本語学習は必要なのか」という疑問を感じるのは学習者に限ったことではありません。教育関係者からも時代の変化のなかで、将来、日本語を教える、という仕事が存在し続けるのかという不安の声も聞かれます。

ことばの教育、学習にかかわる人々は、このような状況をどのようにとらえ、対応していけばよいのでしょうか。日本語教育を推進するための法的な制度も整えられつつあり、日本語教育が共生社会の実現に向けて果たしうる多様な可能性が議論されていますが、日本語教育の現場は、社会と切り離された教室内の閉じた議論で完結しがちであるという批判も出されています。日本語教育の社会的な役割が重視される時代だからこそ、教育や学習にかかわる一方の当事者である実践者が、自らの実践を振り返り、教育現場で起きている変化に向き合い、そのなかで生じている課題、葛藤、矛盾を可視化し、共有すること、そして、状況を改善するために何が必要なのかを考え、様々な関係者と対話、連携して、改善のための行動につなげていくことがもとめられています。

　本書は、こうした課題意識を踏まえて、時代の変化のなかで教育現場が抱える苦悩、葛藤、課題を分析することを通じて日本語教育、日本語学習の意味を探り、これからの教育において何が必要なのかを検討します。本書で分析する現場は、大学の英語学位プログラム、エリート教育を謳う国立大学の日英ハイブリッドプログラム、理工系の英語学位生の就職活動、技能実習生の就労現場、介護士の就労現場、地域の日本語教室、夜間中学、継承語学習者の日本語教育、海外大学における日本語教育、大学生向けのやさしい日本語の教室、テクノロジーの進化の影響を受ける教育現場など多岐にわたります。執筆者たちはそれぞれの現場の分析を通して、現場が抱える課題、矛盾、関係者間のテンションなどを明らかにし、ことばを学ぶこと、教えることの意味の揺らぎに光をあてます。さらに、そうした苦悩のなかから、未来に向けたことばの教育の可能性、ことばの教育を通じた社会の創造の可能性を探っていきます。

　本書のタイトルは「日本語学習は本当に必要か」というものですが、それは、日本語を教えることや学ぶことが無意味であるという主張をしているわけではありません。むしろ変化の激しい時代において、日本語を学ぶ人々を取り巻く環境の何が問題なのか、そして教育関係者は何ができるのかという点を明らかにすることは、これからのことばの教育や学習を豊かにするうえで大切な視点を提供するのではないかと考えます。本書の様々な論考が、こ

4

の本を手にとってくださったみなさんの教育、学習のリソースとなること、そして、これからの時代にどのようにことばを用いて人とつながり、社会を創っていくのか考えるための一助となることを願っています。

2024年1月　　　　　　　　　　　　　　　編 著 者 一 同

第4章　理系英語学位留学生の就職活動の葛藤 [長谷川由香]

第5章　就労の日本語教育は本当に必要なのか
いわゆる「業務」と日本語の関係について考える [神吉宇一]

第6章　就労現場で学ぶべきは「介護の日本語」なのか
技能実習生にとってのことばと学習 [小川美香]

第7章　多文化共生社会にとって
地域の日本語は本当に必要か [中川康弘]

第8章　「夜間中学＝日本語学校化」は本当か
夜間中学という場での学びを探る ［高橋朋子］

第9章　いったい何のために日本語を教えるのか
アメリカの大学教員による変容的学習の模索 ［プレフューメ裕子］

第10章　継承語学習をやめることは、挫折なのか
［本間祥子・重松香奈］

第1章 日本語学習は本当に必要か

多様な現場の葛藤とことばの教育

村田晶子・神吉宇一

1. 日本語を「教える」ことに対する批判的な振り返り

　1990年代以降、外国籍の人々や外国にルーツをもつ人々が増加するなか
で、日本語教育は、外国人の社会参加と「多文化共生」を実現するための柱
の一つとして認識され、近年では日本語教育を推進するための法的な制度も
整えられつつある。2019年には外国籍の人々や海外にルーツをもつ人々の
「日本語教育の推進に関する法律[1]」が公布、施行され、政府の中期計画の
一つである「外国人との共生社会の実現に向けたロードマップ」では、共生
社会実現のために取り組む重点事項の1番目に日本語教育があげられている。
　一方で、日本語教育の現場では、日本語を教えることが議論の中心となり、
社会と切り離された「教室という閉じた空間」での実践で完結しがちである
という批判がなされており（田中2004、名嶋2015、田尻2017）、日本語を教え
ることのみを議論するだけでなく、時代の変化や学習者を取り巻く社会的な
環境に関して広い視野からの議論ももとめられている。1970年代から長く
日本語教育にかかわってきた田中（2004）は、日本語教育に携わる人々が、
自らの教育実践に無批判でいることは、教える側と学ぶ側の境界線、教員と
学習者の関係性が内包する非対称性を見えにくくし、多様な人々の自立や権
利を尊重するといった視点を曇らせ、共生を難しくすることにつながりかね
ないと指摘しており、無批判に日本語教育を行うことに対する異議申し立て
が日本語教育関係者からなされてきた（松尾2009、森本2009）。
　日本語教育が公共政策的な課題として位置づけられるなかで、日本語教育
の果たすべき社会的な役割、日本語教育の社会貢献とその方法について明確
に社会に発信することが必要とされており（神吉2015、川上2017）、日本語教
育にかかわる人々が、自らの役割をその限界や危うさも含めて冷静かつ論理
的に議論し、日本語教育のあり方を模索し、提言していくことがこれまで以
上に重要になっている。

2. 時代の変化と日本語を「学ぶ」ことの意味の揺らぎ

　本書では、このような「教える」ことに対する問題意識、そして批判的な

省察の重要性を踏まえつつ、さらにその先に議論を進めていきたい。それは「はじめに」でも述べたような時代の変化がもたらす、日本語を「学ぶ」ことの意味、揺らぎ、迷いに対して、教育や学習にかかわっている人間がどのように向き合うべきか、という点である。

日本の経済的なプレゼンスの低下

　人手不足が深刻化するなかで、2040年に政府が目標とする経済成長を果たすためには、外国人労働者が現在の約4倍（674万人）必要になるという推計が出されており（JICA 2022）、外国人の受け入れ拡大のためには現状の受け入れ方式の改善がもとめられている。政府はこうした状況を受けて、従来、高度人材（大卒以上のホワイトカラーの労働者）に限定して行ってきた外国人労働者の受け入れ[2]をいわゆる単純労働者にも広げ、2019年からは「特定技能」の在留資格を創設するなど、多様な背景をもつ外国人労働者の日本定着に向けた環境整備を進めている。

　こうした政府による制度改革の背景には、現状の受け入れ環境では、外国人労働者に日本が選ばれないのではないか、外国人労働者が日本を去ってしまうのではないか、といった外国人労働者の「日本離れ」に対する危機感が含まれている（毛受 2011、2017）。経済成長を続け、国際的なプレゼンスを高めている国々がある一方で、日本の国際的な競争力は低下の一途をたどっており、IMD（国際経営開発研究所）による2022年の国際競争力評価の日本の総合順位は63か国・地域中の34位で、東アジア・東南アジアでは中国・韓国・台湾・タイ・マレーシアなどより下位にランクされている。新興国との賃金格差が縮まりつつあるなかで、外国人労働者が日本に働きにくることの経済的なメリットは以前よりも見いだしにくくなっており、2022年から急速に進んだ円安傾向による賃金の目減りによって、日本離れが進んでいるという指摘もなされている[3]。

　OECD（経済協力開発機構）の「労働力移動の見通し2021」では、日本の最低賃金は先進諸国のなかで最低水準となっており、労働時間が長く、年間の休暇日数はもっとも少ないと指摘されている。日本企業でのフルタイムの経験のある外国人材のアンケート結果（経済産業省 2016）では、日本での居住

に対するイメージは魅力的であるという回答が8割を超えるものの、就労環境に関しては魅力的であるという回答は2割にとどまっており、日本企業の就労環境に対して、ネガティブなイメージをもたれていることがわかる。報告では、長時間労働、昇進の遅さ、評価システムの不透明さ、コミュニケーションの難しさ、日本語の障壁など様々な就労上の課題があげられている。こうしたことから、労働者がグローバルなレベルで、よりよい条件の職場をもとめて移動する状況のなかで、日本が選ばれる国でありつづけられるのかどうかは、不透明な状況となっている。

英語化の波

　さらに、職場や教育現場の英語化による影響も無視できない。事業のグローバル化を進めている大手企業において、海外拠点との協働のために、また、優秀な人材を国境を越えて獲得するために、社内言語の英語化の取り組みが行われている（トヨタ、ユニクロ、楽天、シャープ、ソフトバンク、日立など）。企業によってその程度や方法に差はあるものの、グローバル化をめざす企業では、日本語の障壁を低減することで、多様な言語文化的な背景をもった社員が、言語の壁を越えて協働できるような環境作りがめざされている。英語の社内公用語化でとくに注目を集めた楽天は、2010年より徐々に社内の英語化を進めたことにより、2023年の段階で2割を超す社員が外国籍となっている[4]。

　こうした動きは労働現場にとどまらず、教育現場においても見られる。先進国を中心に、将来の高度人材の予備軍となる優秀な留学生の獲得合戦が繰り広げられているなかで、日本政府、経済界を中心に優秀な留学生を獲得するための提言、施策が行われ、留学生の獲得のために日本語という「言語の障壁」を取り除こうとする動きが見られる。日本政府は、高等教育機関のグローバル化を促進する助成事業を通じて、大学、大学院における英語学位プログラムの設置を促進したことから、英語学位プログラムは2010年代から大幅に増加した（学士課程で5.2倍、学部数では9.1倍、大学院で1.5倍、研究科数では1.9倍となっている）（堀内2021：549-550）。

　従来の日本の大学への進学のルートでは、まず留学生が来日して日本語学

校に1、2年程度通い、ある程度の日本語力を身につけてから大学に入学することが一般的であるが、日本語を学ぶことにかかる経済的、時間的な負担が大きく、日本語学習の経験がない学生にとって、「日本語」が日本留学の障壁となっているという指摘もなされている（太田2011）。

それに比べて、英語学位プログラムでは、日本語能力は問われないため日本語学校を経由せず日本の大学に直接入学することができ、入学から卒業までほぼすべての科目を英語で学ぶことができる。よって、従来の日本語での進学ルートに加えて、こうした新しい進学ルートを開き、日本語力の審査をバイパス（迂回）することで、より多様な背景をもつ留学生の受け入れが進むことが期待されている（芦沢2013）。こうしたプログラムでは、すべて英語環境で学ぶことができるため、日本語学習の位置づけは一般的に小さく、日本語学習は学んでも学ばなくてもよい「グレーゾーン」となっており、英語学位プログラムの留学生にとって日本語を学ぶ意味や価値は一様ではない（第2章参照）。英語化の波は、外国語教育における英語科目の比率にも表れており、教育機関における英語一強の状況は、英語以外の外国語に対する関心、学習意欲をもつことを難しくさせ、英語以外の外国語の規模の縮小につながると懸念されている。

テクノロジーの進化による日本語学習への迷い

日本語教育や学習を取り巻くもう一つの大きな変化は人工知能（AI）の進化であろう。これまでも「言語学習はテクノロジーによってなくなるのか」という問いがしばしば投げかけられてきた。よく聞かれる回答は「人間にできることとテクノロジーにできることは異なるので、お互いの強みを生かして、補いあえばよい」というものであろう。しかし、近年、AIの性能が飛躍的に向上し、AIが人間の知能を超える技術的特異点、シンギュラリティ（Singularity）の到来が現実味をもつようになってきており、機械と人間の境界線、役割分担や補完関係は明確なものではなくなってきている。

Google TranslateやDeepLのような機械翻訳の精度が急速に向上しており、ある程度のレベルの翻訳が可能になっている。もちろん現状では機械翻訳の質には幅があり、人間がチェックすることが必要ではあるが、下訳とし

て活用することで人の手による翻訳にかかるコストと時間の節約につながることが期待されている。さらに、2023 年には、世界中でChatGPT[5] に対する賞賛、驚愕、批判など、様々な論争が起きており、たとえば 2023 年春には、日本国内のある国立大学の卒業式で、留学生が答辞の日本語をChatGPT によって作成したことが新聞記事になった [6]。また、ChatGPT を利用した小説が文学賞に入賞したというニュースもあり [7]、外国語教育、日本語教育のみならず、人がことばを生み出し、それを用いてやりとりをするということ自体のあり方が、根本から見直されるのではないかといわれている。

　人工知能の研究者である松尾豊は「機械翻訳も実用的なレベルに達するため、『翻訳』や『外国語学習』という行為そのものがなくなるかもしれない」（松尾 2015：221）と述べているが、こうした機械翻訳の精度の向上は大学で日本語を専攻している学生たちのキャリア観にも影響を与えている。中国の大学で日本語を専攻し、日本に留学しているある学生から、「これからの時代に、日本語学習は本当に必要だと思いますか」という質問を受けたことがある。この学生は、もともとは日本の大学院に進学し、将来は日本語の通訳、翻訳の仕事に就きたいと考えていたが、機械翻訳の急速な進歩を意識し、将来、翻訳や通訳という仕事があるのかどうか心配し、日本語を学びつづけることに不安を感じると述べていた。

ダブルバインドの先にあるもの

　以上に取り上げたような、日本の経済的なプレゼンスの低下、職場や大学の英語環境の増加、自動翻訳の進化などは、日本語を学ぶことの意味や価値の揺らぎをもたらす要素として、無視できないものであろう。しかしその一方で、現状ではことばの障壁は依然として存在しており、それはとくに日本企業に就職を希望する学生にとっては大きな課題となっている。確かに多くの日本企業が外国人留学生を採用する目的として、「外国人としての感性、国際感覚等の強みを発揮してもらう」ことをあげているが、実際の採用において重視される要素は、依然として日本語でのコミュニケーション力であり（ディスコキャリタスリサーチ 2022）、職場で円滑にコミュニケーションができる力をもっとも重視しているといえる。こうした点にとくに困難を感じるグ

ループが、前述の英語学位プログラムの留学生（とくに日本語の既習歴が限られた人々）であろう。かれらは、大学側からは日本での勉学に日本語は必要なく、すべて英語で行うことができる、というメッセージを受け取り、来日して英語環境で学ぶが、就職したければ一定レベル以上の日本語力が必要というメッセージを企業側から受け取るため、「ダブルバインド」（double bind、二重拘束）の状況に陥ってしまう。

「ダブルバインド」とは、文化人類学者グレゴリー・ベイトソン（Gregory Bateson）によって提唱された概念で、二つの矛盾したメッセージを受けることで、混乱し、ストレスがかかるようなコミュニケーションを指す概念である（Bateson 1972）。ベイトソンは、狭義のコミュニケーション上の問題としてダブルバインドを取り上げているが、本書では、より広い意味でダブルバインドの概念を用い、留学生や外国人労働者が日本語を学ぶ際に感じる、相反するメッセージ、つまり、「日本語は必要ないので日本に来てほしい」というメッセージと、現場の上司や同僚、また学内の制度上、「日本語は必要」というメッセージの間で、疑問を感じたり、葛藤したりする状況について考えていく（第2章から第4章）。さらに、ダブルバインドというと、二つの相反するメッセージに限定されるが、より視点を広げて、様々な現場の文脈に埋め込まれた矛盾するメッセージを受け取ることにより、日本語を学ぶこと、教えることに対して感じる迷いや疑問に光をあてていく（第5章から第12章）。

こうしたことを意識しつつ、本書では、日本語を学ぶことに対する疑問、矛盾、葛藤を明らかにし、それを乗り越える具体的な実践、あるいは今後に向けた教育の可能性を示すことにより、「日本語学習は本当に必要なのか／今の時代に日本語を学ぶことは必要ではなくなってきたのではないか」という問いに対して、各章の筆者がそれぞれの答えを示していく。

3. 本書の各章の紹介
──現場の人々の自問自答・葛藤・迷い

本書では様々な現場で、日本語を学ぶこと、教えることにかかわっている

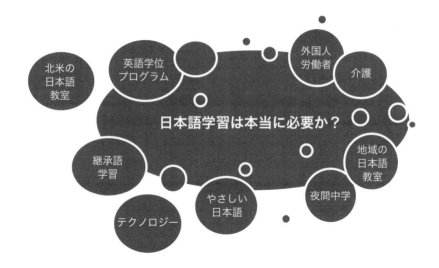

人々が感じている「日本語学習は本当に必要なのか？」という疑問、葛藤に光をあてていく。第2章から第4章は大学、第5章と第6章は就労現場、第7章と第8章は地域の日本語教室と夜間中学、第9章と第10章では海外の日本語教育、継承語教育にそれぞれ焦点をあて、現場の人々が感じている迷い、葛藤、変容を明らかにする。さらに、第11章では大学生とやさしい日本語の間のテンション、第12章ではテクノロジーの進化と日本語教育の間のテンションという視点から、「日本語学習は本当に必要なのか？」という問いの答えを探る。

英語学位プログラムにおける日本語という「グレーゾーン」

　本書の第2章から第4章は、英語を用いて学ぶことができる人々にとっての日本語の意味を考える。第2章（村田章）では、入学から卒業まで英語で専門科目を学ぶことを前提とした「英語学位プログラム」に焦点をあて、プログラムにおける日本語学習、日本語教育の位置づけのあいまいさ（「グレーゾーン」）とそれに対する学生たちの様々な受け止め方、日本語とのかかわり方を明らかにする。この章では、プログラムの留学生の4年間の追跡調査を通じて、かれらにとっての日本語を学ぶことの多様な意味と葛藤を明らかにするとともに、未来に向けた教育のあり方を検討する。

この第2章と対照的な視点を提供しているのが第3章（河内章）で、この章では、入口は英語学位プログラムと同じであるが、在学中に日本語学位プログラム（日本語で専門科目を履修し、卒論を書く）に移行する、日英ハイブリッドプログラムに焦点をあて、プログラム関係者と留学生の声の差異を分析する。そして第2章のような英語学位プログラムの例とはまた異なる、ハイブリッドプログラムならではのトランジションの課題、学生たちの日本語とのかかわり方、学ぶことの意味について考察する。

理工系の学生にとっての専門性と日本語のダブルバインド

　少子高齢化により、様々な分野で人手不足が問題となっているが、とくに人手不足が深刻化している領域の一つが理工系の業種であり、政府、産業界により、優秀な外国高度人材の招致のための環境作りが提言されている。日本で働くために必要な在留資格のうち、「専門的・技術的分野の在留資格」をもつ外国人労働者は、2010年から2020年の10年間で3倍以上増加し、中でも、理系職の「技術」と文系職の「人文知識・国際業務」が区別されていた2014年までは、「技術」の在留資格の増加が著しく、理工系の外国人材に対するニーズが高いことがうかがえる。

　しかし、理工系の留学生は日本で就職し、定着することが期待されている一方で、新卒学生の採用においては、依然として、文系、理系を問わず、コミュニケーション力、日本語力を重視する企業が多い（ディスコキャリタスリサーチ 2022：4）。このため、理工系の留学生で、日本語力が企業の期待するレベルに達していない学生は、日本では人手不足で就職がしやすい、という情報は得ていても、実際には就職活動で苦戦するという、前述の「ダブルバインド」の状態に陥りやすい（とくに英語学位プログラム）。本書の第4章（長谷川章）では、こうした企業の採用状況と、学生たちのキャリアプランの乖離に光をあて「日本語を学ぶことが本当に必要か」という問いを、理工系学生の視点に立って考察する。

「業務」と日本語の関係に見られるアンビバレンス

　続く第5章と第6章は、就労現場における日本語に焦点をあて、教育や学

習の必要性がどこまであるのかという点を検討する。前述のとおり企業の採用動向を調査した報告書（ディスコキャリタスリサーチ 2022）では、外国人の採用基準として、一定程度以上の高い日本語力をあげる企業が多いことが指摘されており、就労のための日本語教育に対するニーズは高いことがわかる。しかし、「職場の日本語」の教育は、本当に現場のニーズをとらえた、働くために必要なことばの教育となっているのか、という点に関して、十分な調査が行われているとはいえない。外国人労働者の受け入れは、前述のとおり、高度人材（大卒以上のホワイトカラーの労働者）だけでなく、単純労働の分野においても拡大されており、一括りに「ビジネス日本語」といっても、様々な現場において、どのような日本語が、どの程度必要なのかは異なる。たとえば、グローバル化を進め、海外拠点との連携が必要な企業では、「ブリッジ人材」と呼ばれる、日本と海外拠点の情報の橋渡しや連絡の調整を行う、バイリンガルの高度なコミュニケーション力をもった人材が必要とされているが（村田 2020）、仕事が定型化され、言語コミュニケーション力をそれほど必要としないような職場もあり、職場の環境、業務、そして労働者の置かれている状況のフィールドワークを踏まえた、ことばの教育の検討がもとめられている。

　第 5 章（神吉章）は、就労のための日本語教育は本当に必要なのかという問題を論じており、外国人労働者受け入れ企業の関係者、外国人労働者のインタビューを通じて、いわゆる「業務」のための日本語教育の必要性は限定的であることを指摘し、より広い意味で、共生社会の実現に向けた就労者に対する日本語教育とはどのようなものであるべきなのかという点を考察する。

　さらに、第 6 章（小川章）では、人手不足が深刻化する介護分野における日本語教育のあり方について問いを投げかける。介護分野では EPA（経済連携協定）によって派遣される候補者のための日本語教育が議論の中心とされてきた経緯がある。EPA の候補者は、最終的に国家試験に合格しない場合出身国に帰国しなければならないため、資格試験のための「日本語」が強調される傾向にある。しかし、こうした言語の問題のクローズアップは、現場の抱える構造的な問題を覆い隠してしまう危険性をはらんでいる（大関・奥村・神吉 2015：266）。小川章ではこうした点を背景としつつ、EPA 候補者に

向けた資格試験のための日本語教育が、技能実習生にも同じように行われていることに違和感を覚え、「教えるべきは介護の日本語か」という問いを読者に投げかけており、現場に根ざし、そこで働いている外国籍の人々の声に耳を傾けることを大切にした「ことば」の教育の重要性を論じている。

多文化共生と「日本語」の間のテンション

　第7章と第8章では地域の日本語教育に視点を移し、地域の多文化共生にとって本当に日本語教育は必要か、そして、夜間中学という空間で日本語がどうとらえられているのか、という二つの点が考察されている。

　総務省（2006）では、多文化共生は「国籍や民族などの異なる人々が、互いの文化的ちがいを認め合い、対等な関係を築こうとしながら、地域社会の構成員として共に生きていくこと」と定義されており、地域の人々の共生のためのコミュニケーション上の支援の一環として、日本語教育は重要な位置づけを与えられている。しかし、多文化共生の提言は、政府、自治体、地域のボランティア団体など、マジョリティ側から発せられることが多く、日本語教育においても、マジョリティ側によるマイノリティの支援、エンパワーメントが強調される傾向にあり、マジョリティとマイノリティの間の非対称的な関係性のなかで外国住民の声がかき消されがちであるという指摘もなされている（牲川 2006）。地域の日本語教室においても、日本語を教えることに重点が置かれる一方で、市民同士がつながり、話し合う場としての視点が見落とされがちであるという点も指摘されている（森本・服部 2006、萬浪 2019）。

　第7章（中川章）では、こうした点を背景として、「共生のため」を謳う日本語とはどのようなものなのかを、地域の日本語支援、親子の母語支援に取り組んでいるボランティア教室の運営者の語りに焦点をあてて分析し、当事者の葛藤や迷いを明らかにしたうえで、多文化共生社会に向けた日本語教育のあり方について論じている。

　地域の日本語教室と共に、外国籍の住民が日本語を学ぶ場となっているのが、夜間中学である。第8章（高橋章）では、夜間中学の当初の目的であった、義務教育を受けられなかった人々の学力保障という役割が時代と共に変

化し、現在では、生徒の8割が日本語を学ぶ外国人に変化していることを指摘しつつ、夜間中学の本質は、既存の教育制度のなかで自分の居場所が見つけられない人々を受け入れるスペースでありつづけていること、時代が変化しても、社会のなかで周辺化されている人々が学びあうスペースとしての役割を担っていることを明らかにしてしている。そして、単純な「夜間中学＝日本語教室化」という図式ではとらえきれない、独自の教育、学びの空間となっていること、夜間中学が雇用や在留資格が不安定な人々にとって、つながり、学びあい、経験を共有し、自己実現していく場、生きる力を育む場になっている現状に光をあてている。

海外で日本語を教えること、学ぶことの迷い

　日本国内で日本語を学ぶ場合、「生活のための日本語」「進学のための日本語」「就職のための日本語」など機能的な目標を設定して日本語を教えることが多いが、海外で日本語を外国語として教える際、日本語を実際に使う環境が限られており、留学や就職といった実用的な目標とは結びつけにくい場合も多い。もちろん学校教育、高等教育における外国語教育は、実用的なことばの運用力の向上のみをめざすわけではなく、文化や社会の理解、国際協働力の育成など、様々な目的をもっており、広い意味では、大学教育の全体の目的である自律した市民性の育成、自律性を支える高度な知的批判力、発信力、行動力の育成とも連動している（日本学術会議 2010）。

　しかし、現場で教える教員が、こうした広義の目標と日々の実践とを結びつけて教育を行うことはかならずしも容易なことではなく、また、「日本語教育は何のために行うのか」という問いに正解があるわけではない。大切なことは、それぞれの教員が「日本語教育を通じて自分が伝えたいことは何か」という問いを学生との対話を通じて模索していくことであろう。第9章（プレフューメ章）では、アメリカ南部の大学で日本語を教えている筆者が、現地で外国語としての日本語を教えることに対する迷いを振り返るなかで、自分が実用的な日本語教育を超えて、学生たちにいったい何を伝えたいのか、という点を変容的学習理論を踏まえて考察しており、自らが実践している東北被災地のスタディーツアー、国際協働学習などを通じて、学生たちがどの

ように人として成長していくのかを知ることができる。

　また第10章（本間・重松章）では、海外に移住した家族にとっての言語教育や言語学習の視点から浮かびあがってくる当事者の葛藤や新しい学びの意味を分析する。世代間で受け継がれていくことばに光をあてた「継承語（heritage language）」としての日本語教育は、移民の子どものことばに焦点をあて、子どもたちが家庭言語を喪失しないための教育支援として重要な意味をもっているが、「継承語としての日本語」をめぐっては、親の想い、子どもの受け止め方は、様々であり、「親から受け継ぐことば」という狭義の範疇には収まりきらない、多様な人とのつながりと意味を内包している（トムソン木下2021）。海外に住む家庭で、親が自分の子どもに日本語を勉強させようとすることが自分のエゴなのかと迷い、葛藤する場合もあれば、現地での生活のなかで日本語を学ぶ意義がだんだんと見いだせなくなり、日本語を学ぶことをやめる子どもたちもおり、その想いはまた、時とともに変化していく（ケーシー2021）。したがって、川上（2021）が述べるように、複数の言語や文化に触れながら育つ人々を理解しようとする時、「定住者」の視点からではなく、移動する子どもたちの言語実践の動態を追い、かれらのまなざしに注意を払うことが重要となる。第10章は、「継承語学習を止めることは、挫折なのか」というテーマで、補習校に通うことを止めた子どもに焦点をあて、ことばを学ぶことをめぐる複雑な想いと、移動、人とのつながりが生み出す、新たなことばの学びの意味について明らかにしている。

「やさしい日本語」に対する疑問

　日本語学習というと、外国人が日本語を学ぶ文脈で使われることが多いが、日本語を第一言語とする人々にとって、日本語学習は必要ないのだろうか。そうした問題を考えるうえで役立つ概念が「やさしい日本語」であろう。「やさしい日本語」とは、外国人に配慮した、わかりやすい日本語を指し、近年では、在留外国人の支援の一環として、公的文書の書き換えに活用されるなど、その社会的な認知度は徐々に高まっている。しかし、「やさしい日本語」に対する一般の人々の受け止め方は様々であり、なかには「やさしい日本語」に対する懐疑的な声も聞かれる。

たとえば、庵（2021）では、やさしい日本語に対する批判の例として、テレビ番組のコメンテータの「日本人全体がちょっと馬鹿になったような気がします」「子どもが難しいことばを覚えなくなってしまう」といった発言を取り上げている。そして、そうしたコメントは日本語母語話者の意識に内在する「難しさへの信仰」ではないかと分析する。また、NHKが発信している外国人向けのやさしい日本語を用いた台風情報に対しても、やさしい日本語よりも、英語の訳や各国語の翻訳を付けたほうがよいといったコメントが書き込まれており、筆者が大学生にやさしい日本語について講義する際も、やさしい日本語よりも英語でコミュニケーションをとったほうが相手にとってわかりやすいのではないか、といった意見が学生から出される。

　第11章（吉開章）では、若者たちが感じる「本当にやさしい日本語は必要なのか」「やさしい日本語よりも英語のほうが大切ではないか」といった大学生たちの疑問を取り上げ、そこから逆にマジョリティの大学生たちが「やさしい日本語」を学ぶことがなぜ必要なのかを考察する。

テクノロジーは外国語教育をなくすのか

　テクノロジー、機械翻訳の進化がもたらす日本語学習の意味や価値の揺らぎに関して前述したが、これからの教育を考える時、日本語を教える立場、あるいは学ぶ立場の人々は、テクノロジーの進化とどのように向き合っていったらよいのだろうか。コロナ禍でオンライン授業に移行した際、それまでテクノロジーを教育に取り入れてこなかった教員たちが、急速にテクノロジーを取り入れ、活用するようになっていった。「テクノロジーは外国語教育、外国語学習をなくすのか」という問いは、どちらかがどちらかを駆逐してしまうように聞こえるが、実際の教育や学習においては、両者の連携が非常に重要になる。教育に携わる人々がテクノロジーの進化を把握し、テクノロジーの進化とことばの学習の関係性をよく理解したうえで、ことばの教育や学習にどうテクノロジーを活用するのか考え、教育に取り入れていくとともに、人間だからこそできることは何か、という点を掘り下げていくことも重要であろう。

　例えば瀬上（2019）は、トランスレーションスタディーズの立場から、機

械翻訳の進化を踏まえつつ、人間だからできる翻訳の可能性として、「創造翻訳」（transcreation）、「厚い翻訳」（thick translation）の二つの概念をあげている。そして、人間ができることは最善をもとめる翻訳ではなく、翻訳を通じて社会や文化を明らかにすることにこそ、人間による通訳、翻訳の意義があるのではないかと主張する。こうした人間だからこそできることは何か、人間がテクノロジーとの連携をはかりつつ、何を大切にして教育や学習に携わっていくのかを考え、実践していくことは、これまで以上に大切になっていくであろう。

　第12章（李章）では、人間とテクノロジーとのかかわり方を言語教育の視点から検討し、テクノロジーの進化がもたらした日本語学習や教育への影響について論じており、日本語教育関係者、日本語学習者がテクノロジーとのかかわりを考えるうえで、参考になる内容となっている。

4. おわりに——未来のことばの教育に向けて

　2019年に「日本語教育の推進に関する法律」が成立し、日本国内外における日本語教育の機会の拡充が基本的な方針として打ち出された。日本語教育を推進する動きは、日本語教育の社会的な認知度を高めるとともに、教育に必要な予算の配分を受けるうえでも重要であり、日本語教育関係者は今まさに「日本語教育がなぜ必要なのか」という点を対外的に説明し、理解を得る努力をしなければならない段階にある。

　そうした視点から見ると、本書のテーマである「日本語学習は本当に必要か」という問いは、日本語教育、日本語学習の必要性を否定しているような印象を与えるかもしれないが本書は日本語教育、日本語学習が無意味であるという主張をしているわけではない。むしろ、日本語教育の社会的な役割が注目されている時期だからこそ、教育関係者は教育の正当性を自明視するのではなく、それぞれの現場の葛藤や矛盾に向き合い、「日本語学習は本当に必要なのか」という、ことばの教育や学習の本質にかかわる問いかけを行っていくことがもとめられていると考える。

　さらにいえば、こうした問いかけは、当事者の自問自答といった閉じた振

り返りではなく、人とつながり対話しながら模索し、解決のための実践をしていく、対話と実践の継続的な試みとなることが必要とされる。本書の執筆者たちは、そうした意識をもって、日本語教育が、対話的で開かれた社会の実現に寄与するために、どのような役割を果たすことができるのか、これからも研究と教育実践の両面から情報を発信していきたいと考える。本書の論考が日本語教育や日本語学習の意味のとらえなおしの機会となり、これからのことばの教育を考え、対話し、改善のための行動につなげるリソースとなることを願っている。

注

1）令和元年法律第 48 号
2）日本政府は単純労働の分野では労働者の受け入れに門戸を閉ざし、技能実習生、留学生の資格外活動（アルバイト）などを活用する、いわゆる「サイドドア／バックドア政策（梶田 1994）」による外国人の受け入れによって、人手不足を支えてきたという側面がある。
3）Bloomberg の 2022 年 11 月の記事では、ベトナムの労働者が急激な円安のため日本を就労先として選ばなくなっている状況を取り上げている。また、The Asahi Shimbun Globe ＋の 2022 年 12 月の記事ではフィリピンからの外国人労働者で、家事代行や介護の現場で働く人々を取り上げ、円安で収入が減少したことによって、「日本離れ」が進んでいる状況を取り上げている。
4）楽天ホームページ https://corp.rakuten.co.jp/sustainability/employees/diversity/〈2023.03.15 アクセス〉
5）OpenAI が公開した人工知能チャットボットで、大規模言語モデルの一種。GPT は Generative Pre-trained Transformer の略。
6）沖縄タイムス＋（2023）「卒業生、チャット GPT 使い答辞『数日かかる文章がわずか数分で』琉球大学で卒業式」https://www.okinawatimes.co.jp/articles/-/1124443〈2023.06.30 アクセス〉
7）毎日新聞（2023）「チャット GPT は『サイボーグ』AI 利用小説が文学賞に入選」https://mainichi.jp/articles/20230321/k00/00m/300/174000c〈2023.06.30 アクセス〉

参考文献

芦沢真五（2013）「日本の学生国際交流政策——戦略的留学生リクルートとグローバル人材育成」横田雅弘・小林明（編）『大学の国際化と日本人学生の国際志向性』学文社，13-38.

庵功雄（2021）「日本語表現にとって『やさしい日本語』が持つ意味」『一橋日本語研究』 9, 121-134.

大関由貴・奥村匡子・神吉宇一（2015）「外国人介護人材に関する日本語教育研究の現状 と課題——経済連携協定による来日者を対象とした研究を中心に」『国際経営フォーラ ム』25, 239-279.

太田浩（2011）「大学国際化の動向及び日本の現状と課題——東アジアとの比較から」『メ ディア研究』8(1), S1-S12.

梶田孝道（1994）『外国人労働者と日本』日本放送出版協会.

神吉宇一（編）（2015）『日本語教育学のデザイン——その地と図を描く』凡人社.

川上郁雄（2021）『「移動する子ども」学』くろしお出版.

川上郁雄（編）（2017）『公共日本語教育学——社会をつくる日本語教育』くろしお出版.

経済産業省（2016）「高度人材の確保とイノベーションの創出」『通商白書2016』.

ケーシー久美（2021）「補習校に通わせるのは子どものため？ それとも、親のエゴ？—— 海外移住者の答えを探して」『ジャーナル「移動する子どもたち」——ことばの教育を 創発する』12, 92-95. https://gsjal.jp/childforum/dat/jccb12.pdf〈2023.06.30 アクセス〉

瀬上和典（2019）「機械翻訳の限界と人間による翻訳の可能性」瀧田寧・西島佑（編）『機 械翻訳と未来社会——言語の壁はなくなるのか』社会評論社, 105-140.

牲川波都季（2006）「『共生言語としての日本語』という構想——地域の日本語支援をささ える戦略的使用のために」植田晃次・山下仁（2006）『「共生」の内実——批判的社会言 語学からの問いかけ』三元社, 107-125.

総務省（2006）「多文化共生の推進に関する研究会報告書——地域における多文化共生の 推進に向けて」https://www.soumu.go.jp/kokusai/pdf/sonota_b5.pdf〈2023.06.30 アク セス〉

田尻英三（編）（2017）『外国人労働者受け入れと日本語教育』ひつじ書房.

田中望（2004）「わたしの日本語教育はいったいなんだったんだろう」『日本語教育』113, 16-23.

ディスコキャリタスリサーチ（2022）「外国人留学生／高度外国人材の採用に関する調査」 https://www.disc.co.jp/wp/wp-content/uploads/2023/01/2022_kigyou-global-report. pdf〈2023.06.30 アクセス〉

トムソン木下千尋（2021）「継承語から繋生語へ——日本と繋がる子どもたちのことばを 考える」『ジャーナル「移動する子どもたち」——ことばの教育を創発する』12, 2-23. https://gsjal.jp/childforum/dat/jccb12.pdf〈2023.06.30 アクセス〉

名嶋義直（2015）「日本語教育学の体系化をめざして（2）——日本語教育関係者の社会的 な役割について」神吉宇一（編）『日本語教育学のデザイン——その地と図を描く』凡 人社.

日本学術会議（2010）「回答　大学教育の分野別質保証の在り方について」https://www. scj.go.jp/ja/info/kohyo/pdf/kohyo-21-k100-1.pdf〈2023.06.30 アクセス〉

堀内喜代美（2021）「英語学位プログラムの動向と課題」『広島大学大学院人間社会科学研

究科紀要.教育学研究』2, 549-558.

松尾慎（2009）「ブラジル日系人の言語使用」野呂香代子・山下仁編（2009）『新装版「正しさ」への問い──批判的社会言語学の試み』三元社, 149-182.

松尾豊（2015）『人工知能は人間を超えるか──ディープラーニングの先にあるもの』KADOKAWA/中経出版.

萬浪絵理（2019）「市民性形成をめざす地域日本語教育の学習活動におけるファシリテーターの発話機能──成員カテゴリーの変化に着目した会話分析から」『言語文化教育研究』17, 88-109.

村田晶子（2020）『外国人労働者の循環労働と文化の仲介──「ブリッジ人材」と多文化共生』明石書店.

毛受敏浩（2011）『人口激減──移民は日本に必要である』新潮社.

毛受敏浩（2017）『限界国家──人口減少で日本が迫られる最終選択』朝日新書.

森本郁代（2009）「地域日本語教育の批判的再検討──ボランティアの語りに見られるカテゴリー化を通して」野呂香代子・山下仁（編）『新装版「正しさ」への問い──批判的社会言語学の試み』三元社, 215-247.

森本郁代・服部圭子（2006）「地域日本語支援活動の現場と社会をつなぐもの──日本語ボランティアの声から」植田晃次・山下仁（編）『「共生」の内実──批判的社会言語学からの問いかけ』三元社, 127-155.

Bateson, G.（1972）*Steps to An Ecology of Mind: Collected Essays in Anthropology, Psychiatry, Evolution, and Epistemology*, London: Jason Aronson Inc.

Bloomberg（2022）"Weak Yen Unravels Japan's Quest for Foreign Workers." https://www.bloomberg.com/news/articles/2022-11-09/weak-yen-unravels-japan-s-quest-for-foreign-workers〈2023.06.30 アクセス〉

JICA（2022）「2030/40 年の外国人との共生社会の実現に向けた取り組み調査・研究報告書」https://www.jica.go.jp/Resource/jica-ri/ja/publication/booksandreports/uc7fig00000032s9-att/kyosei_20220331.pdf〈2023.06.30 アクセス〉

The Asahi Shimbun Globe＋（2022）「円安で外国人労働者に暗雲──稼ぎの目減りで進む『日本離れ』 家事代行や介護現場の嘆き」https://globe.asahi.com/article/14799730〈2023.06.30 アクセス〉

第 2 章 | 英語学位生にとっての 「日本語」 というグレーゾーン

学生たちの 4 年間の葛藤と変容

村田晶子

1. はじめに

　教育のグローバル化が進むなかで、英語圏以外の国においても言語の障壁を取りはらい、優秀な留学生の受け入れを促進するために「英語学位プログラム」が設置されている。英語学位プログラムとは、英語で専門科目を学び、学位を取得することができるプログラムを指し、日本の大学においても、教育のグローバル化、多様な留学生の受け入れなどを目的として、英語学位プログラムを設置する大学が増えている。

　こうしたプログラムは、在学中、英語環境で学ぶことが前提とされるため、日本語教育の位置づけは相対的に低く、生活のための基礎的な日本語科目は提供されていても、全体としては、学んでもよいし、学ばなくてもよい「グレーゾーン」となっていることが多い。このため、プログラム内での英語環境とプログラム外の日本語環境のギャップをどう埋めていくのか、そして、日本語を用いて人や社会とどうかかわっていくのかは、学生の選択にゆだねられている。

　しかし、自らの力で英語環境から日本語環境へのトランジションをはかり、一定レベル以上の日本語力を身につけること、そして、日本語を用いて人とつながり、社会に参加していくことは、かならずしも簡単なことではない。留学生向けの英語学位プログラムは、小規模な「出島型」のプログラムが多く（嶋内 2016、桑村 2018）、大学内の日本語環境の学生たちとは切り離された、英語環境での教育となっている。こうしたプログラムにおいて、留学生たちが英語環境の「出島」を出て、日本語を用いて人とつながり、社会とかかわっていく際に、様々な苦労や葛藤が見られるが、教育関係者にとってこうしたプログラム外での学生の言語実践を把握することは難しく、実態調査がもとめられている。

　本章ではこうした点を踏まえて、英語学位プログラムで学ぶ留学生の4年間の追跡インタビューの結果を分析し、学生たちにとっての日本語を用いた人や社会とのかかわりがどのようなものであり、そこではどのような苦悩、葛藤が見られ、また学生たちがどのように変容していったのかを分析する。そして、そこから英語学位生にとっての日本語学習の意味を考え、教育関係

者にできることは何かを探る。

2. 英語学位生にとっての言語的トランジションの難しさ

英語学位プログラムによる入学の間口の拡大

　世界的な規模での学生の国際移動と留学は、コロナ前まで年々増加しており、コロナ期の困難な時期に中断されたものの、今後再び増加していくことが予想される。国際的な高度人材獲得競争のなかで、優秀な留学生は将来の高度人材の「卵」「予備軍」として期待されており、留学先の国にとどまり、そこで就職、定着することを通じて、その国の経済に貢献してもらうことがめざされている（留学生30万人計画、スーパーグローバル大学創成支援事業等）。そうした教育のグローバル化と優秀な留学生の受け入れ拡大を目的として、政府が高等教育の助成事業を通じて進めてきた政策の一つが、大学、大学院における英語学位プログラムの設置、拡充であり、プログラムの数は、政府の高等教育機関のグローバル化を目的とした助成事業「グローバル30」(2009) が始まってから10年の間に、学部で5.2倍、大学院研究科で1.5倍に増加している（堀内2021）。英語学位プログラムの種類として、①留学生を主な対象とした、小規模の学部併設型のプログラム、②国内学生を主な対象としたプログラム、そして、少数ではあるが③国内学生と留学生の協働をめざしたプログラムがあげられる[1]。このなかで本章において分析の対象とするのは、①の留学生向けの英語学位プログラムである。

　従来の日本留学では、留学生が日本の大学に進学し、日本語で専門科目を学ぶには、授業を理解するための高度な日本語力が必要とされることから、留学生に対して高い日本語力をもとめてきた（日本語能力試験、日本留学試験など）。そのため、留学生はまず国内で日本語学校に半年から2年程度通い、ある程度の日本語力を身につけてから大学に進学する形が一般的であった。しかし、こうしたルートを経なければならない場合、日本語学習のための時間やコストの負担が大きく、言語の障壁が日本留学の魅力を低下させている要因であるという指摘もなされてきた（太田2011）。

これに対して、英語学位プログラムの設置、拡充は、日本語学習歴のない、あるいは少ない留学生に日本留学の道を開くものであり、日本留学の間口を広めるとともに、学内に多様な背景をもった留学生を受け入れることで、大学の国際化を進めるためにも役立つことが期待されている（芦沢 2013）。また、こうした留学生が日本で就職、定着することによって、日本経済の活性化につながることも期待されている（高度人材受入推進会議 2009）。一方で、実際に英語学位プログラムが大学の国際化、留学生の受け入れ拡大につながっているのかに関しては不透明であるとも指摘されており（堀内 2018：16）、政府による助成金の獲得をめざして作られたプログラムの多くが、明確な理念や目標を欠いているといった批判がなされている。

日本語科目の位置づけのあいまいさ

　こうした英語学位プログラムの目的や理念のあいまいさは、留学生のキャリア支援、大学から労働世界へのトランジション支援の不足ともかかわっている。日本企業はグローバルな人材の採用に以前よりも積極的になっているとはいえ、英語の能力の高い学生に対しても、一定以上の日本語能力[2]をもとめる傾向にあり（新日本有限責任監査法人 2015）、日本での就職を希望する学生は、英語科目の履修と並行して、日本語を学んでいくことが必要とされるが、英語学位プログラムでは、入学から卒業まですべて英語で学べると謳っていることから、プログラムによって温度差が見られる（堀内 2021）。なかには、第3章（河内章）のように入学後に集中的に日本語教育を行うものもあるが、多くの英語学位プログラムにおいて、日本語教育の位置づけは相対的に低い。そのため、生活のための基礎の日本語科目は提供されていても、それ以降の日本語学習に関しては、やってもやらなくてもよいグレーゾーンとなっていることが多い。

　たとえば、調査した英語学位プログラムの入学案内のパンフレットでは、「すべての科目を英語で学ぶことができる」と明記されている一方で、日本語学習に関しては、「最低限の日本語力を身につけ、日本での生活を豊かなものにすることができる」と記すにとどめている[3]。このプログラムでは、基礎的な日本語科目を履修したあとも日本語学習を続けるかどうかは、学生

の選択にゆだねられており、実際に日本語科目を選択科目として履修する学生は約半数で、残りの学生は日本語科目を履修していない。

言語的トランジションの難しさと葛藤

　このような環境において、学生たちは自分の将来のキャリアプランを見据えながら、日本語とどのようにかかわっていくのかを決めていかなければならない。留学生のキャリアプランは多様であるが、日本企業への就職を選択肢の一つと考えている学生は多く、企業がもとめる高度な日本語力を身につけるために、言語的なトランジション（英語でコミュニケーションをとるだけでなく、日本語力を高めるための取り組み）を主体的に行っていくこともとめられる。一般的に、学校から仕事、社会へのトランジションをスムーズに行うことができる学生は、在学中の早い時期から、自らの将来を見据えて、主体的に準備する傾向にあると指摘されており（保田・溝上 2014）、留学生にもそうした準備や取り組みが期待されている。しかし、学内では英語環境で学び、自らの将来の仕事に関してもまだ明確なビジョンをもっていない学生にとって、日本での就職を視野に入れ、自主的に日本語を学びつづけることは簡単なことではない。日本での就職を希望する学生たちは、プログラム内の英語環境とプログラム外の言語環境や労働世界との境界線を自分自身の力で乗り越えていくことが必要とされるが、在学中のインタビューからは、学生たちが大学の英語環境と労働社会がもとめる高い日本語力との間のギャップに葛藤し、苦悩する姿も見られる。こうした留学生たちの姿は、英語で教育を行っているプログラム関係者からは非常に見えにくく、在学中の状況を追跡調査していくことが必要とされるものであり、より広い意味で、英語学位プログラムという教育システムにおける、日本語の意味とそこに生じている課題を考えるうえでも、学生たちの言語実践の調査は貴重な視点を提供する。

3.　調査について

　本章では、こうした課題意識に基づき、英語学位生が在学中にどのように日本語を用いて人とつながり、社会に参加していったのかを留学生 4 名の在

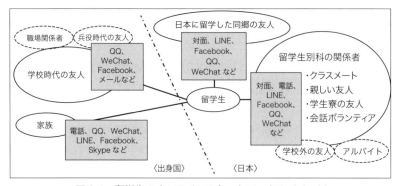

図 2-1 留学生のオンラインのネットワークのイメージ

(村田・古川 2014：57 から)

学中（4年間）の追跡インタビューの結果を通して分析し、かれらの言語実践における葛藤と変容を明らかにする。

　調査にあたり、学生たちのネットワークを理解する手法として、村田・古川（2014）を参照した。村田・古川は、大学の留学生別科で学ぶ留学生たちのオンラインのソーシャルネットワークを分析し、留学生たちが様々なネットワークを活用して、日本での生活や受験期の悩みを相談しあい、相互支援を行っていることを明らかにしており、ネットワーク図を学生に描いてもらうことで学生からは自分の留学生活の振り返りになったというフィードバックを得ている（図 2-1）。

　本章では、この手法を取り入れ、学生に自身のネットワーク図を作ってもらい、それを踏まえて学生たちに教室外での人とのかかわりや言語実践について振り返ってもらった。

4. 学生たちの 4 年間の葛藤と変容

　本章で分析の対象としたのは、私立大学の英語学位プログラムに所属する学生 4 名である。学生たちの所属する英語学位プログラムは、政府による大学のグローバル化を促進する助成事業の支援を受けて作られたもので、規模はいずれも小さく（定員15〜30名）、日本語で専門科目を学ぶ学生たちとは接

表2-1　在学中、定期的にインタビューした修了生

	学生（仮名）	大学入学時の日本語レベル	入学時のキャリアプラン
①	ホセ	学習歴なし	日本の電力会社に就職希望
②	ダイアナ	独学で初級の日本語を学んだがほとんど話せない	日本での就職／帰国して就職／アメリカで大学院進学
③	ノア	学習歴なし	日本の外資系企業での就職／友人と日本で起業
④	サイ	学習歴ほとんどなし	日本での就職（日本企業／外資系企業）

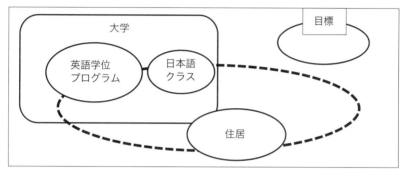

図2-2　学生のネットワーク図のブランクフォーム

点のない「出島型」である。本章では、4名のプログラムの修了生の在学中（4年間）の変化を、学生が作成したネットワーク図とインタビューデータを踏まえて分析することで、英語学位生の教室外での言語実践と変容の一端を明らかにする。

　4名の修了生には、在学中に定期的にインタビューを行い（1年に1回程度）、どのように人や社会とかかわりをもっているのかを聞き取って記録した。まず、1学期目に行った初回のインタビューでは図2-2のようなネットワーク図に記入してもらい、図を見ながらインタビューを行った。そして、毎年インタビューを続けながら、図に変化があれば書き加えたり、修正をしてもらった。

　インタビューした4名の学生は、全員、入学時点から日本での就職を選択肢の一つとして考えており、在学中もそうした意識をもって何らかの形で日本語を用いて人とかかわろうという意識をもっていた。しかし、学生たちの4年間の定期的な追跡調査からは、そうした実践はかならずしも簡単なもの

ではなく、学生たちは葛藤や悩みを抱えながら、人とかかわり、変容していったことがうかがえた。

①ホセ：希望と失望

来日のきっかけ：ホセは子どものころからアニメと共に育ち、ずっと日本に興味をもっていた。出身国で、1年間大学にはいって工学を学んだが、工学は自分には合わないと気づき、海外に留学することを考えた時、アメリカ、ヨーロッパと並んで日本も候補にあがった。結局、ほかの人と違うことをしたい、一人で知らない環境で生きてみたいという想いから日本を選んだ。

入学当初：入学当初は生活に苦労した。慣れない環境で体調を崩して医者に行っても、英語が通じず、市役所の手続きや税金の免除についてもどうしたらよいのかわからず、プログラムとしてのサポートがなく、大変だった。日本語の学習歴は全くなく、文字の学習から始めたため、上達には時間がかかったが、日本語は生活をするうえでも、人とネットワークを広げるうえでも、将来の就職においても重要だと考えていたので、できれば日本語を使いたかった。しかし、英語学位プログラム内では、友人はほとんど留学生で、英語しか使わず、プログラム内で日本語を話そうとすると、なぜわざわざ日本語を使うのかと変な雰囲気になった。そのため、プログラム内の英語環境と外の世界（日本語を必要とする環境）との間の差を強く感じた。

変化：しかし、次第に日本語を学び、日本語で問題があれば伝えられるようになってからは生活が楽になっていった（日本語は履修可能な科目数の上限までとった）。学生寮で日本人の友人もできたが、2年生になると友達はみな寮を出ていったため、自分も一人で生活するためにアパート探しをした。最初は適当な物件は見つからず、日本語での交渉や手続きは大変だったが、やり終えられたことが大きな自信になった。また、好きなアニメのショップを見に、池袋によく行き、馴染みのカフェでコーヒーを飲みながら、店の人たちと会話したり、ダンスのレッスンを受けたりして、生活を楽しんだ。池袋の雑然とした雰囲気が好きで、自分の力で生きていることが楽しかった。また、バーチャルの世界でも人とつながるようになり、毎日2、3時間ゲームをして、日本語で交流した。

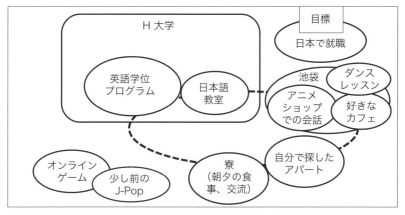

図2-3　ホセの作成したネットワーク図

　プログラムや大学に対する葛藤：ホセには毎年1回、定期的に話を聞いたが、4年次のインタビューでは、ホセは浮かない顔をしていた。どうしたのか聞くと、日本の生活には慣れ、なんでも自分一人でできるようになり、一人で生きる自信もついたが、最近、疲れてしまった、という答えが返ってきた。そこからホセは、英語で話をしてもいいかと聞き、一気に自分の気持ちを語り始めた。何をやっても結局、外国人はめんどくさい、という目で見られ、小さなことが重なって心が折れてしまった。ホセにとって、プログラムはとても小さい、隔離された世界だった。学内の他の学部の学生たちとの深い交流はなく、また、興味をもった科目は日本語でしか行われなかったため、受けることができなかった。クラスメートとはクラス内では話をしたが、外に出かけるほど親しい友達は見つけられず、どこかコミュニティとしての感覚がもてなかった。大学の国際交流ラウンジも薦められたが、自分は大学の正規の学生であり、お客さんではないと感じ、交流ラウンジは自分には合わなかった。

　就職活動の壁：最後のインタビューは4時間にわたった。ホセは、日本の英語学位プログラムで勉強したことには意味があったと感じている。外国人のよい客員教授に出会い、学んだことも多かった。しかし、全体としては、思い描いたような留学にはならなかった。それはプログラムの受け入れ体制

であり、プログラムの隔離された状況であり、自分自身を取り巻く人々とのかかわり方に壁があったことなど、様々な理由があった。最後に心が折れてしまった理由の一つは就職活動で、日本での就職活動に関する情報が足りず、どう進めたらよいのか、途方に暮れてしまった。ことばの壁も大きかった。帰国後の予定を聞くと、働くか、大学院に行くか、これから考えると少し寂しそうに笑った。

②ダイアナ：自分らしく柔軟に生きたい

　来日のきっかけとキャリアプラン：ダイアナは、東アジア出身の留学生で、高校時代から日本が好きで、日本での生活を楽しみたいと考えていた。自国で通っていた高校の進学説明会で、この大学のことを知り、英語と日本語で学べることに魅力を感じて留学を決めた。基礎の日本語は国で勉強してから来日したため、日本語の授業は中級前半からのスタートとなったものの、日本語を話すことには自信がなく、1年時のインタビューはほとんど英語で答えた。入学当時から日本での就職を視野に入れていたが、それは選択肢の一つにすぎず、アメリカの大学院、帰国も選択肢にはいっていた。

　日本語を用いて人とかかわることの難しさ：その後、ダイアナは、少しずつ日本語科目を履修しつづけ、履修が許可されている上限まで日本語科目を履修したが（12科目）、いくら授業をとっても、自分のコミュニケーション力にどこか自信がもてないでいた。なぜなら、英語学位プログラムのなかでは、クラスメートとは、常に英語か中国語で話しており、日本語で人とつながる機会がほとんどなかったからだ。確かに、学生寮での交流イベントなどに最初は参加していたが、だんだんと足が遠のき、気づくとプログラム外の学生と出会うことがない生活を送っていた。

　変化：そんな状態に変化があったのは、2年生の時で、プログラムの教員の紹介で、外資系企業のインターンシッププログラムに参加した。同じクラスの留学生の友人もインターンシップに応募していたが、最終的に日本語で読み書きができるという理由で自分が選ばれたことから、日本語を学んできたことが無駄ではなかったと感じた。また、自分の出身国の情報を発信するセンターでアルバイトを始め、自分の国に興味のある日本の学生と出会って、

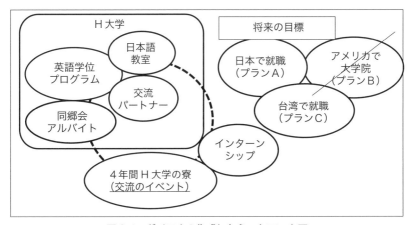

図2-4　ダイアナの作成したネットワーク図

話をすることができるようになったこともうれしかった。こうした経験を通じて、日本で働きたいという気持ちが強くなり、アメリカで大学院に行くという考えがなくなった。このため、4年時のインタビューでは、1年生の時に作成したネットワーク図のアメリカのところに斜線を引いた。

　就職活動で感じた違和感：しかし、ダイアナは日本での就職活動に不安を抱えていた。大学のキャリアセンターでは、「日本語が一番大事」と言われ、もっと日本語を勉強しなければと感じるとともに、そうした指導に少し違和感ももった。ダイアナは日本語を磨いて就職をするという決められたレールに自分を合わせることを少し息苦しく感じ、自分らしく、英語、日本語、中国語を使って、好きな仕事ができればよいと感じ、時間をかけてゆっくり自分の将来について考えたいと思った（卒業後は日本でワーキングホリデーの制度を利用しようとも考えていた）。あいにく、就職活動の時期に感染症が拡大したことから、台湾の学校で教育関係の仕事をすることにしたが、感染症が収まったら、いつかまた日本に戻って就職できたらと考えている。

③ノア：ネットワークの広がり

　来日当初：ノアは、高校を出てすぐ来日した。治安がよく、自分の出身国と大きく異なる場所で勉強したかったことから日本の大学を選んだ。日本語

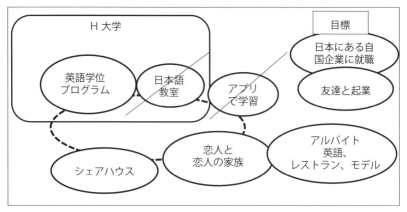

図2-5　ノアの作成したネットワーク図

はそれまで学んだことがなく、1年生の時に、日本語の初級前半のクラスを
とり、あとは、有料のアプリで勉強して基礎的な知識を身につけた。しかし、
ノアは日本語を使う機会がなかなかなかった。ノアの所属していた英語学位
プログラムは全員留学生で、ほとんどが英語でのコミュニケーションで、日
本語を使う必要はなかったからだ。住んでいたシェアハウスも住民同士の交
流はなく、住民の多くは高齢者、外国人、ニートで、それぞれが自分の世界
で生きていた。大学でクラブにはいりたいという気持ちもあったが、クラブ
は内輪の人たちのものだと感じた。

　変化：ところが、3か月ほどしてうれしい出会いがあった。日本で初めて
のクリスマスと正月を一人で過ごすことに孤独を感じ、マッチングアプリで
相手を探したところ、正月に早速会うことになった。相手は英語を全く話さ
なかったので、自分が日本語を必死に使ってコミュニケーションをとったと
ころ、意気投合して、正式に交際することになった。恋人ができたことでノ
アの日本語は上達し、ガールフレンドの家族とも親しくなったことで、日本
に居場所ができ、気持ちが安定していった。

　人とのつながりの広がり：さらに、アプリで探した英会話教師のアルバイ
トを通じて、学生、看護師、会社経営者など、多様な背景をもつ人々と接し
た。また、レストラン、リゾートホテルでのアルバイト、モデル、ドラマの
エキストラなど多様な仕事を経験し、丁寧な日本語表現も学んだ。ノアに

とって丁寧な日本語は、日本でビジネスをするうえで重要な意味をもっており、将来は日本にある外資系の企業で就職するか、自分で起業したいと考えていた。ノアは4年時のインタビューの際、過去のインタビューの時に作成したネットワーク図を見て、「日本語教室」「アプリ」の箇所に斜線を引いた。それらはかれにとって最初は必要なものであったが、4年生の段階ではもう必要としていなかった。

　プログラムに対する葛藤：ノアもホセと同様にプログラムに関しては複雑な感情も抱いていた。学内では、一人の友人を除いて、授業外ではつきあいがなく、日本人学生の友人も見つけることができなかった。大学のクラブは内輪の雰囲気で、はいりにくいと感じた。また、日本語で行われている専門科目に興味があったが、英語学位プログラムは小規模で、運営にお金もかかっているので、プログラム外の日本語の専門科目ではなく、プログラムの英語の専門科目をとってほしいと言われ、履修することができなかった。ノアは、交流ラウンジなどで英語で話しかけられることを好まず、「日本語で教えているプログラムにはいらないと、本当の意味で、日本人の友達も作れない」と感じた。

　ノアは卒業後、希望どおり、日本にある外資系の企業に就職し、それまでの様々な社会経験と日本語と複数の言語のスキルを生かした仕事をしている。

④サイ：危機感から変わる

　来日時：サイは出身国で高校を卒業後、日本の大学の英語学位プログラムに入学した。国の希望の大学にははいれず、留学先としてカナダの大学も考えたが、費用の面で折り合わなかった。そこで両親が住んでいる日本を選び、将来は日本で働くことを視野に入れて、英語でビジネスが学べる英語学位プログラムを選んだ。入学前は日本語の学習歴はほとんどなく、大学では初級クラスで日本語を学んだ。しかし、入学当初はプログラム内の友人はほとんど留学生のため、日本語はあまり使わず、家族とも国のことばで話した。

　変化：そうした状況が変わったのはアルバイトを始めてからだった。ファーストフード店で仕事を見つけ、日本語を使うようになってから、サイの世界は広がっていった。店長に働きぶりを認められ、時給があがって評価

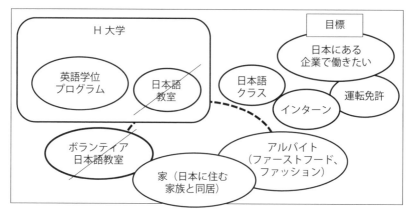

図2-6　サイの作成したネットワーク図

されたことが自信になり、店長とも仕事外で交流するようになった。

　葛藤：それでも日本語の壁を感じて悔しい思いもした。2年生になって外資系企業のインターンに応募したが、日本語の読み書きができないことが原因で、インターンの機会を逃した。採用担当者からは「英語は上手だけど、問題は日本語。残念」と言われたと落ち込んでいた。サイはこうした苦い経験から、日本語の読み書きをきちんと勉強しなければいけないと思い、大学が休みの期間を利用して、妹と近所にあるボランティア日本語教室に行ったが、長続きしなかった。とくに漢字学習には熱がはいらなかった。

　転機：転機は友人のことばだった。4年生になったある日、同じプログラムにいるハーフの友達から「日本の就活は本当に厳しい、N2は最低でも必要」と厳しく言われた。このことばにサイは危機感を抱き、「このままではだめだ、本気で勉強しなければならない」と感じた。それから、漢字の基礎を学びなおし、日本語学校の少人数の集中コースに通い、漢字をひまさえあれば練習した。4年時のインタビューでは、いつも持ち歩いている漢字練習のノートを見せてくれた。ノートにはびっしりと漢字が書かれており、サイは「漢字マンダラ」と呼んでいた。勉強と共に力を入れたことが日本での運転免許の取得で、筆記の模試に何度も落ちたがやっと合格し、大きな自信につながった。サイは自分の作成したネットワーク図を見ながら、これまでの自分の活動を振り返り、もう自分にとって必要ではなくなった、大学の日本

語教室、ボランティアの日本語教室に斜線を入れた。そして、自分の新たな自信の源になった「運転免許」を書き足した。

　就職：サイは卒業後、日本の大手通信会社に採用され、ブリッジエンジニアとして働いている。この会社ではサイの国からエンジニアを採用しており、サイは日本と自分の国のエンジニアの間をとりもつ仕事をしている。自分が採用されたのは、英語と日本語の高い能力のおかげだと感じている。4年間の英語学位プログラムを振り返って、日本語が必要かどうかは人によるものの、在学中の時間をきちんと使えば、日本語はN2ぐらいになれると感じており、働きたい人はやるべきだと述べた。

5．未来に向けて

　本章では、英語学位プログラムの留学生の4年間の言語実践、そして人や社会とのかかわりを分析した。英語学位プログラムの学生たちは、プログラム内の英語環境とプログラム外の日本語環境の間のギャップを自分の力で埋めていくことがもとめられるが、そうした実践は学生たちにとってかならずしも簡単なことではないことが、インタビュー結果からうかがえた。インタビューの結果では、①留学生たちが様々な形で日本語を用いて人とつながり、社会とかかわろうと模索していたこととともに、②留学生たちはそうしたプロセスにおいて、葛藤や違和感を抱きつつ、それぞれの進路を見つけようとしていたことがうかがえた。

　①の人や社会とのつながりに関しては、ホセの場合は、学生寮で人とつながり、街に出て、好きなカフェで音楽を聴き、好きなアニメショップで会話を楽しむなど、人や周囲の環境とのかかわりを自分なりに作ろうとしていた。ダイアナもまた、プログラム内では英語と中国語で過ごしていたが、2年次からはインターンシップに参加したり、同郷の人々が集まるセンターでアルバイトをすることで、人とつながれる居場所を見つけた。ノアに関しても、来日当初、周囲の人とつながれず孤独を感じていたが、アプリを通じて大切な人と出会い、次第に人とのネットワークを広げていった。サイもまた、アルバイトや運転免許取得など、様々な社会とのかかわりを模索していたこと

がうかがえた。

　一方で、インタビューの結果は、修了生たちが在学中、様々な葛藤を抱えていたことも示していた。ホセは4年生になってからは、プログラムに疲れてしまい、日本での就職をあきらめ、帰国の決断をした。ダイアナもまた、キャリアセンターでアドバイスを受けたような「日本語を磨く」ことを通じた就職活動に違和感をもち、自分らしい就職を模索した。ノアの場合も、日本語で人とつながることが学内では難しいことを述べており、最後まで学内での言語の境界線を越えることができなかったことがうかがえる。サイもまたインターンシップに応募するものの、言語の壁のために落ちてしまい、就職活動に危機感を抱き、変容していった。こうしたインタビュー結果からは、学生たちが迷い、葛藤、危機感など様々な感情を抱えながら、進路を模索し、卒業していくプロセスが見てとれた。かれらのストーリーは、いわゆる日本での就職のサクセスストーリー、あるいは、失敗例という枠ではとらえきれない、様々な想いがあったことを私たちに伝えている。

　留学生たちの日本語を用いた言語実践や社会参加は、英語環境で教育に当たっている教育関係者からは把握しにくく、本章で分析したような学生たちの在学中の言語実践の追跡調査は、教育プログラムの改善を考えるうえで役立つ様々な知見を含んでいると考える。本稿で見たような様々な葛藤や違和感とどのように向き合えばよいのか、教育関係者と学生間の対話やディスカッションの時間を取ること、そして、支援体制を整えていくことが必要であろう。

日本語教育関係者に何ができるか

　英語学位プログラムにおける日本語学習に関しては、生活のために必要な基礎的な日本語科目を提供するプログラムは多いが、授業で「日本語」を教えることを超えて、日本語教育関係者はどのような支援ができるのだろうか。本書で明らかにしたような学生たちの日本語を用いた人や社会とのかかわり、そしてかれらの在学中の葛藤、違和感を知ることは、広い意味での日本語教育、つまり、学生たちが日本語を用いて人とつながり、社会に参加していくことを支援するうえで、役立つ視点を提供している。

日本語教育関係者にできることとして、入学時から定期的な学生のチュータリングを行い、学生にとっての日本語の意味、日本語を用いた人とのつながり、社会とのかかわりを振り返り、記録するような時間をとっていくことがあげられる。筆者が実施した4年間の追跡調査に協力してくれた学生たちは、定期的なインタビューがよい振り返りの機会となったと述べていることからも、こうした機会をプログラムのなかにきちんと位置づけて、学生自身が記録していくようなシステムを作っていくことがかれらの社会参加の支援、将来を見据えた、ことばの継続的な学びの支援として大切であろう。

　また、学生間での経験の共有とディスカッションの場を設け、学びのコミュニティを作っていくことも大切であろう。実際に筆者は修了生たちの許可を得て、新入生に修了生たちの作成したネットワーク図を見せながら、在学中の英語環境と日本語環境の間のギャップ、日本語を用いた人とのつながりや社会参加について、ディスカッションをした。その際、新入生たちからは修了生たちの経験や感じたことを自分たちの経験と重ね合わせ、様々な意見やコメントが出された。新入生の一人は、①のホセのネットワーク図とストーリーを聞いて、自分のことのように感じたと述べていた。この学生もホセのようにアニメが好きで、池袋のアニメショップによく行き、ホセと同じように、プログラム内で孤独を感じていたと述べており、自分がそうした孤独感を乗り越えるために、アニメやVTuberのライブに参加しているといった経験を他の学生と共有し、学生間の話し合いにつながった。

　こうしたことから、修了生たちの在学中の経験を記録し、在校生たちに共有することは、在校生たちが自分たちの経験を振り返り、葛藤や違和感にどのように向き合えばよいのか、考えていくためのリソースとして活用できるのではないかと考える。筆者はこれまで上級の日本語の作文クラスにおいて、留学生たちが自分たちの留学経験を振り返り、ネットワーク図を作成して、それを文章化する機会を作ってきたが（村田2022）、英語学位プログラムのクラスでも、こうした機会を作ることは、学生たちが日本語で人や社会とどのようにつながりたいのか、そして自分はどのように生きたいのか、といったことを考えるきっかけになるのではないかと考えられる。学生たちとそうした話し合いや振り返りの機会を設けることは、かれらが「出島」を超えて

多様な人々とつながり、社会に共に参加していくことを支援することにもつながるのではないだろうか。

　加えて、学生たちの在学中の葛藤、変容について英語学位プログラムの関係者と共有することも大切であろう。英語で教えているプログラム関係者にとって、留学生が日本語でどのように社会とかかわっているのか、実態を知ることは難しい。本章で明らかにしたような、学生たちが在学中に感じる困難点とかれらの変化を理解することは、プログラムの改善、学生支援の充実に役立つだけでなく、英語学位プログラムを通じて、そもそもどのような人材を育てたいのか、という根本的な問いを、改めて考えていく意味でも役立つのではないだろうか。

　最後に本書の共通テーマと関連づけ、「英語学位生は日本語が必要なのか」という問いの答えを考えたい。英語学位生にとって、プログラム外の人々とつながり、社会とかかわっていくために、また、将来の日本でのキャリア構築のために日本語は必要だという認識は共通している（調査したプログラムのほとんどの留学生が「日本語が必要」と回答している）。しかし、問題は学生たちが必要だという想いをもちながらも、英語環境のなかで、主体的に日本語で人とつながることが簡単ではないという実態とかれらの葛藤を私たち教育関係者が十分には理解できていないという点にあるのではないだろうか。本章で示したような学生たちが人や社会とつながれたり、つながれなかったりというプロセスを記録し、理解を深めていくことが、学生の支援を考えるうえで、非常に大切であろう。しかし、その一方で、本章で取り上げた学生たちの葛藤は、教育システムの生み出す矛盾の表出であるとともに、学生たちがそうした葛藤を乗り越えて人生を切り開いていく、学びの可能性も示している。その両面をとらえるために丹念に学生の声に耳を傾けていくことが大切であろう。

　今後さらに、英語学位生の多様な経験のききとりを行うとともに、学生たちの振り返りのデザインを研究し、教育関係者に発信していければと考える。

謝　辞
　本研究はJSPS科研費 19K00720 の助成を受けたものである。

46

注

1) 国内学生と留学生の協働や交流は限定的であると指摘されている（桑村 2018）。
2) 調査結果は、約 9 割の企業が英語の能力が高い留学生に対しても、N2 あるいは N1 以上の日本語力をもとめていることを示している。
3) パンフレットは英語で書かれており、内容は筆者が訳した。

参考文献

芦沢真五（2013）「日本の学生国際交流政策 ―― 戦略的留学生リクルートとグローバル人材育成」横田雅弘・小林明（編）『大学の国際化と日本人学生の国際志向性』学文社，13-38.

太田浩（2011）「大学国際化の動向及び日本の現状と課題 ―― 東アジアとの比較から」『メディア研究』8(1), S1-S12.

桑村昭（2018）「日本の大学における EMI（English-Medium Instruction）の役割 ―― 課題と展望」ウェッブマガジン『留学生交流』91, 9-27, https://www.jasso.go.jp/ryugaku/related/kouryu/2018/__icsFiles/afieldfile/2021/02/18/201810kuwamuraakira.pdf 〈2023.06.22 アクセス〉

高度人材受入推進会議（2009）「外国高度人材受入政策の本格的展開を（報告書）」https://dl.ndl.go.jp/view/download/digidepo_3531347_po_houkoku.pdf?contentNo=1&alternativeNo= 〈2023.06.22 アクセス〉

嶋内佐絵（2016）『東アジアにおける留学生移動のパラダイム転換 ―― 大学国際化と「英語プログラム」の日韓比較』東信堂.

新日本有限責任監査法人（2015）「平成 26 年度産業経済研究委託事業（外国人留学生の就職及び定着状況に関する調査）」https://dl.ndl.go.jp/view/prepareDownload?itemId=info%3Andljp%2Fpid%2F11280371&contentNo=1 〈2023.06.30 アクセス〉

堀内喜代美（2018）「英語プログラムと留学生受入れ姿勢の関係性 ―― 入試要項から見える傾向とアンビバレンス」ウェッブマガジン『留学交流』87, 15-23, https://www.jasso.go.jp/ryugaku/related/kouryu/2018/__icsFiles/afieldfile/2021/02/18/201806horiuchikiyomi.pdf 〈2023.11.05 アクセス〉

堀内喜代美（2021）「英語学位プログラムの動向と課題」『広島大学大学院人間社会科学研究科紀要．教育学研究』2, 549-558.

村田晶子（2022）「コロナ禍の留学生たちによる経験の言語化とソーシャルネットワーク」『多文化社会と言語教育』2, 16-25.

村田晶子・古川智樹（2014）「留学生の第三の居場所：SNS を通じた人とのつながりと相互支援 ―― 進学の境界線越えに焦点を当てて」『異文化間教育』40, 53-69.

保田江美・溝上慎一（2014）「初期キャリア以降の探求 ―― 『大学時代のキャリア見通し』と『企業におけるキャリアとパフォーマンス』を中心に」中原淳・溝上慎一（編）『活躍する組織人の探究 ―― 大学から企業へのトランジション』東京大学出版会.

第3章 エリート教育の葛藤

日英ハイブリッドプログラムの抱える課題を
どう乗り越えるか

河内彩香

1. はじめに

　近年、高等教育機関では、英語学位プログラムが増加しており、多くの大学、大学院で英語学位プログラムを提供している（詳しくは第2章参照）。プログラムの特色は多様化してきており、こうしたプログラムに関連した一つの教育形態として、入口は英語で受け入れ、在学中に日本語での専門科目の教育へと移行する、日英のハイブリッドプログラムも行われている。

　大学、大学院が、日英ハイブリッドプログラムを提供することにより、入学時の言語的な障壁をなくすことができ、多様な背景をもつ留学生を集めることが期待できるとともに、在学中に留学生の日本語力を高め、日本語で専門の授業を履修するシステムを提供することで、留学生の日本での就職の可能性を広げることも期待される。効率のよい日本語教育は留学生誘致の成否に大きく影響し、これを留学生の立場から見れば、初級レベルから質の高い日本語教育を提供できるかが大学選択の重要な指標になる（太田 2011）。

　しかし、その一方で、入学後に日本語を学び始めた学生たちが、在学中に専門科目を日本語で履修するレベルにまで達するのは容易なことではなく、学生たちに相当の負荷がかかるため、プログラムについていけなくなり、脱落する学生が出てしまうことも否めない。このため、学生たちがプログラムで学びつづけることができるように様々な学習支援を行っていくことがもとめられているが、在学中のきめ細かいサポートについて十分に検討されているとは言い難い。

　第1章、第2章で述べられているように、日本の高等教育を取り巻く環境は大きく変容しており、国際的な人材の獲得競争のなか、優秀な留学生を獲得するために、言語の障壁を下げ、入学時点で英語力があれば日本語力を問わないプログラムも増えている。英語力によって入学を許可した学生を将来の高度人材の卵として育て、日本での就職、定着をはかることは、国家的な戦略として位置づけられている。本章で分析する、国立大学であるA大学が実施している日英ハイブリッドプログラムにおいても、こうした役割が期待されているが、教育にかかわっている教員からは課題や今後に向けた取り組みの必要性があげられている。

本章では、Ａ大学においてこうしたプログラムを運営する教育関係者の感じる課題や葛藤を明らかにするとともに、学生たちの視点を分析することを通じて、大学における日英ハイブリッドプログラムや多様な留学生の受け入れのあり方の矛盾、英語から日本語へのトランジションの課題、日本語教育関係者の支援のあり方について考えたい。

2. Ａプログラム概要
──日本語で高度な専門性を獲得するエリート教育

　国立大学であるＡ大学は 10 学部をもつ総合大学で、2017 年に「指定国立大学法人 1)」に採択されている研究大学である。Ａ大学におけるＡプログラムは、指定国立大学法人構想の 4 本柱の一つ、「高度で多様な頭脳循環の形成」に位置づけられたもので、日本語と、数学や物理、化学といった専門基礎科目について半年間の集中的な予備教育を受けたあと、応募時に志望した各学部の試験を受けて進学する学部教育プログラムである。プログラムの教員組織は日本語担当教員と理系担当教員によって構成されており、共に予備教育に携わり、連携している点にも特色がある。

　Ａ大学のホームページには、少子化による数の減少は自ずと質にも影響が及ぶことから、広く海外の最優秀層の学生の積極的な受け入れに乗り出したと書かれている。以下、ホームページに書かれているＡプログラム概要を引用する（下線は筆者が加筆・修正）。

1. 優秀な留学生を積極的に獲得するため、世界各国のトップ高校をメインに広報・リクルート活動を展開しています。これらの高校から優秀な学生が毎年入学する質保証を伴うリクルート・選抜の仕組みを構築することを目指しています。
2. 選考を経てプログラム履修者を決定します。従来の留学生の選考は日本語の習熟度が重視されてきましたが、このプログラムでは、入学段階での日本語能力は問いません。語学力ではなく、ポテンシャルを最重要視した選抜を行います。

3. 入学決定後に徹底した日本語教育を継続的に実施しながら、英語に
   よる教養・共通教育、英語または日本語による専門基礎教育を経て、
   専門教育段階からは日本語で講義等を受講します。したがって、遅く
   とも3年生の段階では高い日本語能力が求められることになります。

4. また、留学生・日本人学生に対する実習科目（少人数ゼミ）や、日本
   企業（海外支社等も含む）へのインターンシップを実施します。

5. 主に理工系の場合では、修士課程までを通じた教育が一般的となっ
   ており、Aプログラムの学生も修士課程まで進学することが想定され
   ます。また、一部は博士後期課程を経て研究者の道を進むケースも想
   定しています。

また、留学希望者向けの英語版のホームページには四つのメリットが謳われ
れている（和訳は筆者による）。

4 Benefits of A Program（Aプログラムの四つのメリット）

Benefit 1　6-month preparatory course and 4-year undergraduate
program　　　　　　　　（メリット1　6か月の予備教育と4年間の学部教育）

Benefit 2　Bachelor's degree awarded upon graduation
　　　　　　　　　　　　　　　　（メリット2　卒業時に学士号授与）

Benefit 3　Admission/tuition fee waivers and monthly scholarships
　　　　　　　　　（メリット3　入学料・授業料免除および毎月奨学金支給）

Benefit 4　No Japanese language proficiency required
　　　　　　　　　　　　　　　　　（メリット4　日本語能力不問）

入学料・授業料が免除で、毎月奨学金支給という条件は学生にとって魅力
となるであろう。選考時に日本語能力不問にすることで留学生が日本の大学
に進学する心理的なハードルを下げ、優秀な留学生を獲得したいという意図
が読みとれる。

さらに、「日本語で学部卒業レベル（あるいは修士課程や博士後期課程修了レ
ベル）の専門知識を獲得した留学生を育成すること」と「グローバル展開を

52

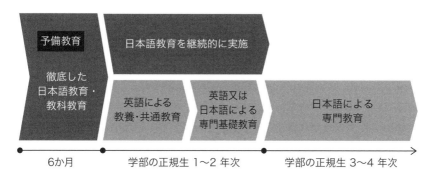

図 3-1　Aプログラムのカリキュラム図

(HPの図をもとに筆者が作成)

はかる日本企業および日本経済そのものを牽引する、極めて高度な外国人材の輩出と日本社会への定着に貢献すること」がプログラムのめざす点として示され、また、「多様な価値観や異文化を理解する力やコミュニケーション能力、俯瞰力などを身につけられる国際性豊かなキャンパス環境を創造すること」が大学の最終目標として掲げられている。

Aプログラムのカリキュラムを図3-1に示す。前述したように、6か月の予備教育と学部入学後の継続的な日本語教育で高度な日本語能力を獲得するカリキュラムであるが、それ以外にもプレ予備教育と呼ばれる渡日前学習が行われ（佐々木・河合 2019）、上級レベルの履修を2期修了するまでは春期講習と夏期講習の受講が義務づけられている。長期休みにも授業があり、通常の学部留学生よりも日本語の授業時間数は多い。

カリキュラム以外にも特色があり、Aプログラムは留学生が勉学に専念できる環境を整備している。成績や在籍確認等の条件を満たしたプログラムの留学生は授業料を免除され奨学金を受給しているため、アルバイト[2]をする必要がない[3]。また、生活・学習に関して事務スタッフがサポートを行っているほか、理系学部・学科の留学生には理系の専任教員が、文系学部・学科の留学生には日本語教育の専任教員がメンター[4]として定期的に面談を行い、学習面・心理面のサポートや問題のヒアリングを行っている。さらに、予備教育生と1、2年生は定期的に学部生・大学院生のチューターとチューターセッションを実施している。このように、様々な支援を提供し、留学生

が勉学に励むことができる学習環境を整備していることから、Aプログラム
が大学をあげて取り組まれているものであることがうかがえる。

3. インタビュー調査の概要

　Aプログラムは2018年10月に初めて学生を受け入れ、その学生たちは日
本で6か月間予備教育を受け、2019年4月に学部に進学、2023年3月に卒
業した。筆者を含むプログラムの日本語専任教員4名は、初めての卒業生を
送り出す節目にプログラムの日本語教育を総括するべく、2023年1月から3
月にかけて卒業を控えた4年生2名（留学生A、B）と初年次を終える1年生
17名（留学生C〜S）に、4月から5月にかけてプログラムの理系専任教員10
名（教員A〜J）にインタビュー調査を行った。具体的には、対象者1名に対
し、日本語教員2名による半構造化インタビューを実施し、留学生には1人
あたり30分から60分程度、理系教員には75分から90分程度、ききとりを
行った。
　本章では、インタビューを録音し文字化したデータから、理系専任教員と、
Aプログラムの留学生がプログラムの問題点をどうとらえているか、そして、
入口が英語で出口が日本語という、ハイブリッドなプログラムの課題と可能
性を明らかにする。

4. 理系教員が感じているプログラムの問題

　本節では、Aプログラムの問題点に関して理系教員の声を分析する[5]。プ
ログラム立ち上げからかかわった教員によれば、以前は日本語能力を要求し
て学部に留学生を受け入れていたが、特定の国の特定の学校出身者が占めて
しまったことから、より多様な背景をもった留学生を集めるために、日本語
能力を要求しない選考方法が検討されるようになったという。
　教員たちが考えるプログラムの今後の課題として、①日本人学生との交流
の促進、②予算確保の問題、③予備教育における数学教育の強化、④日本語
教育支援の強化、⑤留学生支援の必要性などがあげられた。ここでは、とく

に、④日本語教育支援の強化に含まれる、日英ハイブリッドプログラムにおける「英語環境から日本語環境へのトランジション」の課題に焦点をあてて分析する。

英語環境から日本語環境へのトランジションの課題

　理系教員から出された日英ハイブリッドプログラムの問題点の一つに、英語での専門基礎教育から日本語での専門教育へのトランジションの問題がある。前掲した留学生の募集要項の文言には「1、2年生で英語または日本語による専門基礎教育、3年生から日本語による専門教育」と書かれているが、実際には英語環境から日本語環境に徐々に移行していくのではなく、日本語による専門基礎科目が1年生前期から始まる学部・学科もあり、一般的には英語で研究が行える理系学部にもそのようなところがある。トランジションの期間がみじかいため、日本語の既習歴のない、あるいは既習歴が限られた学生には言語学習と専門科目の学習の負荷が高くなっている。

　この急激なトランジションに関する声は以前よりAプログラムの留学生から教員に届いており、プログラム関係者は、リクルートの宣伝内容と事実が異なるケースがあることを懸念していた。教員Gは、日本語による専門教育の開始を3年生に統一するのは難しく、今後は1、2年生から日本語による専門教育が始まる可能性を伝える必要があると考えている。

「プログラムの課題」に関する教員Gの語り

　　インフォメーションの出し方を変えるんでしょうね、やっぱり。で、聞いてたのと違うやんっていうことに関しては、それを、言ってたとおりにするほうは、なかなか難しいと思いますね。[中略]ま、だから、あんまり、リクルートの宣伝もちょっとあんまり、それは強調しないほうがいい。3年生からはとか言わんと。

　日本語学位プログラムでは、大学の授業を理解できるだけの日本語能力の習得をもとめられることになり、そのための時間と労力、ならびに費用負担が問題となる（太田2011）が、半年の予備教育後に日本語で大学の授業を受

講するというのは、時間と労力の面でより過酷な学習環境であり、志望者にプログラムを選んでもらえない可能性が懸念されるだろう。

　理系教員からは、留学生向けに英語による専門科目を提供する、日本語による専門科目の単位数を変えるといった学部のカリキュラムの変更は容易には行えないといった制約を踏まえて、早期に留学生を支援していく必要性があげられた。そして、現状では日本人学生向けに日本語で開講されている専門科目の改善点として、留学生の理解を助ける英語のスライド、英語のレジュメを配付する、事前にそれらの資料や語彙リストを配付するといったサポートシステムの構築が必要であることが指摘された。以下、教員Gの発言を引用する（括弧内は筆者による補足）。

「プログラムの課題」に関する教員Gの語り

　一つは日本語でしか開講されてない科目がわりかた、下のほうにまで降りてくるっていうところをどう、それでカリキュラムを、枠を乗り越えていくのかな、こなしていくのかなっていうのをどうしたらいいのかなというのがあって、その解決方法としては［中略］（留学生に向けて）レジュメを英語化してあげるとか、スライドを英語化してあげるとかいうような、手間はかけてあげたらいいのかなというのはちょっと思っている。［中略］システムとしては少なくともそうやってカリキュラムがやっぱ日本人向けになっているっていうのが問題だなって思うのと、

　実際に、日本語による専門講義理解のための教育支援も一部ではあるものの行われており、具体例として、工学部が構築した講義動画字幕システム（本多 2022）や、その文字化テキストを用いた、Aプログラムの専門日本語ワーキンググループが開発している専門科目の講義理解のための語彙リスト[6]などがあげられる。しかし、プログラム全体としてトランジションが生み出す学生への負荷をどのように低減するのか、取り組みはまだ始まったばかりである。

　少子化の時代に大学が生き残るためには留学生受け入れ数の増加が必要で、そのためには英語の専門講義の開講が不可欠だという意見がある一方で、英

語で専門科目を学ぶと専門学術用語の日本語と英語の対応関係が学べないという指摘もあった。以下に引用する。

「プログラムの課題」に関する教員Aの語り

　トップクラスの学生をとってきたら、日本語の困難をなんとかしてくれるだろうっていう期待でやってたところがあるんですけど、やはりそう甘くはなくて、3年生の専門科目の授業を理解するのに必要な日本語レベルっていうのは［中略］N1ぐらいでも足りないのではないかと。で、一般的な能力としてはN1で十分だったと思うんですけど、専門学術用語の理解という意味では、特訓をしないといけないんですけども、［中略］ま、1、2年生でなまじ［中略］数学や物理なんかの科目を英語で聞いていると、日本語の専門科目を勉強するチャンスがなくて、で、3年生で突然それが大量に出てくると、そこについていけなくなると。

　教員Aの指摘は、2年生まで英語環境で過ごし、3年生から日本語環境に切り替わるという、プログラムが想定していたシステムにも課題があることを示唆している。各国のトップクラスの優秀な学生にとって、3年生から始まる日本語による専門科目についていけない、単位を落とすといった事態はこれまでに経験したことのないもので、大きな挫折につながりかねない。

　このほかに、実験が中心となる専攻では講義よりも実験が重視されるため、多少講義に理解不能な点があっても問題はないという声や、基本的にグループで行う実験では日本語で開講されても容易に周囲のサポートが得られるため、実験科目こそ日本語で開講してはどうかという声、学部教員の研究室にお手伝いや勉強会等で早めに参加させ、実験方法や専門用語を学ぶ機会を与えたらいいのではないかという声が聞かれた。

　これらの教員の声から、段階的に英語環境から日本語環境へと移行する、緩やかなトランジションが必要であることが示唆された。

5. 留学生が感じたプログラムの問題と
かれらのサポートネットワーク

　教員が述べた問題点として、英語環境から日本語環境へのトランジション
のギャップがあげられるが、この点について留学生はどうとらえたのか。A
プログラムの留学生を対象としたインタビュー調査から「学部入学前に思っ
ていたことと入学後のギャップを感じたことはあるか。ある場合、どのよう
なギャップか。それに対して、どう対処しているか／していたか」という問
いに対する語りを抽出し、5-1で報告する。また、「留学生活を送るうえで誰
からのどのようなサポートが重要か／重要だったか」に対する語りを5-2で
取り上げ、「日本語による専門科目受講」の問題を留学生はどのように乗り
越えているかを明らかにする。

5-1. 留学生が感じた入学前と入学後のギャップ

　Aプログラムの留学生が入学前に思っていたことと実際には違ったことに
ついて、話題別に整理したものを表3-1に示す。
　英語環境から日本語環境へのトランジションに関係する「c. 1年生から
日本語による専門科目がある。日本語の専門科目が多い」をあげた留学生は
7名（全19名の38%）いた。

「日本語による専門科目」と「効果的な学習方法」に関する留学生1の語り

　　たぶん、それは私のせいで、あまり私の準備が足りなかったからかも
　しれませんけど、なんか入学の前は日本語で勉強する授業がそんなに多
　いとは思わなかったんです。とくに、でも〇学部は文系なので、思った
　より多くて、そうですね、専門の授業全部は日本語で教えてますので、
　それは違いました。思ったことと現実のことは。[中略] Aプログラム
　で説明してくれた時、①1年生と2年生の時は日本語の授業あまりなく
　て3年生から増えてると聞きましたけど、〇学部では2年生までとらな
　きゃいけないという専門の授業が10個くらいあって、それは全部日本
　語で教えてますから、それちょっとびっくりしました。それを見て、は

表3-1　留学生が感じた、入学前と入学後のギャップ

話題	思っていたことと違ったこと	延べ人数	
大学の授業	a．大学と高校の学習量が異なる。	1	2
	b．科目履修が心配である。	1	
専門科目	c．1年生から日本語による専門科目がある。日本語の専門科目が多い。	7	11
	d．試験が難しい。試験の問題が日本語のみで書かれている。	1	
	e．課題が多く、思った以上に忙しい。	1	
	f．学科の専門領域が思っていたのと違う。	1	
	g．必修科目が多い。	1	
日本語科目	h．上級の日本語授業が技能別である。	1	2
	i．上級の日本語授業が思ったより簡単である。	1	
日本人学生	j．A大学の日本人学生のイメージが思っていたのと異なる。 ・出席しないのに授業を取り消さない。・外国に興味のない人がいる。 ・学科の学生たちはあまり話さない。 ・日本ではGPAをあまり重視しない。	4	
事務	k．学部の事務・教員のサポートが少ない。	1	
生活	l．日本の生活では日本語が必要になる。	1	2
	m．大学図書館や周辺の施設が24時間開いていない。	1	
なし	n．ギャップは何もなかった。期待どおり。	4	

い。[中略] ②とらなきゃいけなくてとるしかないので、とってそれに慣れて日本語の能力も高くなったと思いますので、結果的にはいいことですけれど、入学の前に、わかったらもっといいと思います。

　（インタビュアー：そしたら、それでもはいりました？　1年生から授業がありますよって聞いたら、ちょっとAプログラムやめたとか。）

　そうですね。③でも、それならやめたい人がやめたほうがいいと思いますね。日本語の授業がいっぱいあることをわかっているのに、それでも通いたいという学生ははいったほうがいいんじゃ。[中略]

　（インタビュアー：効果的な日本語の学習方法があったら、教えてください。）

　予備教育の時は日本語の授業とかで日本語を勉強することでしたけど、1年生の時はそのような授業もありますけど、他のことを日本語で勉強すること？　④私なら、たとえば、●●学とか△△学とか□□学とか▲▲学とか、それを日本語で勉強したので、その時は私の日本語能力が

もっと速く向上したと思いますね。[中略]⑤とくに、●●学とか△△学とかの、とてもおもしろかったので、わからなくても自分でがんばってわかるようになりたいという感じで勉強しましたので。

「日本語による専門科目」に関する留学生Aの語り

（インタビュアー：例えば、1、2年生、英語で勉強できたとして、3年生から日本語でっていうと、どうだったと思いますか。）

ちょっと、もう英語に慣れて難しいかなって思います。

　留学生Iは下線部①のように日本語の専門科目が多い事実に驚いたものの、下線部②のように「それに慣れて日本語の能力も高くなった」「結果的にはいいこと」と肯定的にとらえ、下線部④⑤のように興味のある専門科目を日本語で学ぶことが日本語学習の動機になっていたことが明らかになった。同様の回答は複数の留学生に見られた。また、1年生から日本語の専門科目があることを事前に知っていたら入学したかというインタビュアーの質問に、留学生Iは、下線部③のように日本語の専門科目があるのを承知のうえで、それでも入学を希望する学生が入学したほうがいいと答えている。また、4年生の留学生Aは3年生から日本語で学ぶのは難しいと述べている。

　この項目に言及した7名全員が、事前にその情報を得ていたら「予備教育時にもっとがんばって勉強した」「高校の時から日本語を勉強したかった」「心の準備ができた」と述べており、それが入学を左右しなかったという。こうした声がすべての学生の経験を反映しているかどうかは追加の調査が必要ではあるが、トップレベルの優秀な学生の多くが自律的に学び、目標に向かって学習の積み重ねができることを示しているのではないかと考えられる。もしこのような学生たちに入学前に1年次から日本語による専門科目受講の可能性があるという情報を周知していれば、かれらは見通しを立てて準備していたのではないかとも推測される。したがって、プログラム関係者は日本語学習に関する情報をあいまいにせず、リクルート時に、1、2年生から緩やかにトランジションしていくが、学部・学科によっては急激なトランジションの可能性があると伝えることが望ましいだろう。

5-2. Aプログラムの留学生のサポートネットワーク

第4節の理系教員インタビューでは、全教員が留学生と国内学生の交流機会の確保を問題点としてあげていた。そこで、本節では、Aプログラム生の留学生活における重要なネットワークの実態を、留学生の語りから分析する。

表3-2はAプログラム留学生があげた、重要なサポートネットワークとサポート内容を一覧にしたものである。まず「あなたにとって、誰からのどんなサポートが重要ですか」という質問に自由に回答してもらったあと、想定されるサポート者・機関の候補を提示し、補足してもらった。一人を除き全員が複数のサポート者・機関をあげ、平均3.79であった。

サポート者・機関は大学、プログラム事務、教員、チューター、先輩、友人、家族に、サポート内容は以下の4点にまとめられる。国内学生を示すものに波線を付す（チューターには留学生も含む）。

1) 生活の相談：プログラム事務、メンター教員、プログラムの先輩
2) 日本語学習の相談：日本語教員、プログラムの同級生
3) 専門の勉強の相談：チューター、プログラムの先輩、同級生、メンター教員、学部・学科の同級生、学部・学科の先輩・サークルの先輩
4) メンタルヘルスの相談：家族、プログラムの同級生、同国出身の友人

プログラムの同級生、先輩、事務やメンター教員、チューター等、Aプログラムのコミュニティ内でのサポートをあげた留学生が多く、自らネットワークを拡張して得ている国内学生（学部・学科の同級生、サークルの先輩等）のサポートに言及した留学生は6人しかおらず、プログラム関係者が述べたとおり、留学生と国内学生の自主的な交流が課題となっている。

以下に、学部・学科のクラス単位の授業によって交流が行われるという情報を得ることができず[7]、学部生との交流・情報交換に出遅れてしまった留学生Rの語りを引用する。

表3-2　Aプログラム留学生19名のサポートネットワーク

重要なサポート		サポート内容	延べ人数	
大学	大学（奨学金）	・奨学金		1
事務	プログラム事務	・家探しのサポート	2	13
		・コロナワクチンの予約	1	
		・生活の相談（役所の手続き、保険など）	7	
		・わからないことを聞く	3	
	学部事務	・わからないことを聞く		1
教員	教員	・わからないことを聞く	1	2
		・話しかけて楽しませてくれる、助けてくれる	1	
	日本語教員	・レポートの添削	1	4
		・日本語学習のサポート	1	
		・オンライン授業でのサポート	1	
		（内容の言及なし）	1	
	メンター教員	・コロナワクチンの予約	1	14
		・生活の相談（役所の手続き、保険など）	4	
		・履修登録・取消のアドバイス	4	
		・日本語・専門の勉強のアドバイス	3	
		・わからないことを聞く	2	
チューター	チューター （国内学生、留学生も含む）	・勉強のサポート・アドバイス	5	10
		・学部生活全般のアドバイス	3	
		・レポートのネイティブチェック	1	
		（内容の言及なし）	1	
先輩	先輩	・科目履修のアドバイス	1	2
		（内容の言及なし）	1	
	同国出身の先輩	・生活の相談（役所の手続き、保険など）	1	3
		・様々なアドバイス	1	
		（内容の言及なし）	1	
	プログラムの先輩	・科目履修の相談	2	13
		・勉強の相談、過去問入手	3	
		・生活の相談（役所の手続き、保険など）	5	
		・遊び、イベントの誘い	2	
		・進路のアドバイス	1	
	学部・学科の先輩 （国内学生・留学生両方）	・授業、勉強のアドバイス		1
	サークルの先輩（国内学生）	・学部授業のアドバイス		1
友人	友人（国内学生・留学生両方）	・生活や勉強の質問、メンタルサポート		1
	同国出身の友人	・同じ学部で同じゼミで仲良くしている	1	2
		・メンタルサポート、一緒に遊ぶ	1	
	プログラムの同級生	・日本語を教えてくれる、勉強を教えあう	3	10
		・情報共有（勉強・生活など幅広く）	1	
		・生活で助けあう	2	
		・メンタルサポート、話し相手、頼りにする	4	
	プログラムの同国出身の同級生	・同国出身だからわかる困難を相談		1
	学部・学科の同級生 （国内学生）	・授業のこと、生活のことを教えてくれる	2	4
		・聞きとれなかったことを聞く	2	
	サークルの友人（国内学生）	・情報をくれる、遊ぶ、日本語の練習		1
	国の友人	・留学の悩みを言いあう		1
家族	両親・母	・メンタルサポート	3	7
		・応援してくれる	2	
		・進路のアドバイス	1	
		・家賃負担	1	

「サポート」に関する留学生Rの語り

　サポートだったら、僕は1年生になった時には、僕は●●の授業をあんまり受けなかったんです。高校生の時には英語で勉強したので、それの必要さをあんまり感じなかったので受けなかったんですが、その、今、知ってきたのがその授業のなかにその同じ組の人たちと、学生たちと会って、いろんな学部でするイベントをプランすることがその授業に行った、行うことを知ってきて、本当にちょっと悲しくなりました。その○学部の組の写真も僕ははいっていないんです。その授業を受けなかったので。そして、その情報を、とくに△△学科の人たちのLINEグループとかはいっていなかったんです。今ははいっていますが、[中略]⑥同じ△△学科の上の先輩と話して、ああ、そんなサポートがあって本当によかったなと思いました。[中略]⑦僕が受けた専門科目の情報ももらったし、手伝ってくれたので、はい、その同じ学部の先輩との交流が本当に大事だと思ってきました。[中略]Aプログラム生ではないけど、Aプログラムからチューターで紹介しました。Aプログラムのチューター、前期はAプログラムのチューターでした。

　下線部⑥⑦から、チューター制度が学部進学時の情報の障壁を乗り越えるために機能していることがわかる。しかし、留学生は一方的に支援されているわけではない。

「サポート」に関する留学生Iの語り

　⑧日本人の友達は私に日本語を説明してくれて、私は、数学のこととか、プログラミングのこととか教えてます。

「日本語の使用環境」に関する留学生Oの語り

　（日本語で話すクラスメートは）日本人です。数学の授業、●●の授業で日本語、⑨日本人のクラスメートがあって、先生が言ったことはわからない時、私はできるだけ、日本語で説明します。

　（インタビュアー：Oさんが教える、友達に教える？　それとも、O

さんが聞く？）

　　⑩話し合う、の感じかな。

　留学生IとOの語り（下線部⑧〜⑩）からは協働的活動が観察された。加賀
美・小松（2013：285）は「支援する人と支援される人は循環しており、互恵
的関係性と変化可能性を持つ。相手に負荷をかけ自尊心を低下させる支援で
はなく、支援を意識させない、身近なピア・サポートのような学生同士の協
働的活動の積み重ねが大学コミュニティに浸透していったとき、それが大学
コミュニティにおける多文化共生の姿だといえるだろう」と述べているが、
大学全体に波及させるためには留学生数の増加が不可欠だろう。

6. 「英語環境から日本語環境へのトランジション」 問題はどのように解決できるか

　日本語による専門教育が1、2年次に開講されることに関して、5.1で「驚
いた」「ショックだった」と回答した留学生が19名中7名（38％）いたが、
どのように対処しているのだろうか。5.2のサポートのうち、「3）専門の勉
強の相談」がその対処方法に相当する。留学生たち、とくに応募時に日本語
学習経験がなかった留学生は日本語学習歴1年未満でアカデミック・レベル
の日本語環境に飛び込み、多くの困難を抱えていることが想像されるが、
チューターや同じ学部・学科の先輩や友人からサポートを得て、サバイバル
していることが明らかになった。日本語による専門科目の受講には授業外で
の自助努力を必要とするが、それが5.1の「大学と高校の学習量が違う」や
「課題が多く、思った以上に忙しい」という回答にもつながると思われる。
　プログラム関係者は日本語による専門科目の受講が1、2年生に下がって
きている点を問題だと考えているのに対し、留学生はそのことを入学前に知
らされていなかった点を問題だと考えているという差異が見られた。日本語
で専門科目を受講したことで日本語能力が向上したと感じた留学生もおり、
「リクルート段階で1年生から日本語の専門科目があることを知っていたら
入学しなかったか」という質問には関係ないと回答した者が多く、この件に

言及した留学生全員が入学前に知っていたら、より熱心に日本語を勉強したと語っている。

　プログラム関係者からは、留学生数を増やしていくためには学部で英語による専門科目を提供するという解決方法のほか、学部のカリキュラム変更は容易に行えないため、英語のスライドやレジュメを事前に配付する、語彙リストを配付するといった日本語による専門科目の支援システムを作る方法、1、2年次に日本語で実験科目を受講する方法やお手伝いや勉強会で研究室の活動に参加させる方法が示されたが、留学生の語りから考えられる解決方法は、リクルートの段階で、初年次から日本語の専門科目がはいる可能性を伝えておくことであろう。多くの優秀な学生を集めるために日本語能力が要求されないことを強調するのではなく、入学段階の日本語能力は問わないものの、集中的な日本語学習によって日本語能力を向上させる必要があることを周知し、それを学習意欲へとつなげていくことがもとめられるのではないだろうか。

　そのうえで、英語のスライドやレジュメ、専門用語の日英語彙リストといった専門教育の支援体制を充実させ、将来的には、日本語・英語による専門科目が選択できるようになるのが理想的である。そうすることで、個人の日本語能力に合わせた、英語環境から日本語環境への緩やかなトランジションが可能となる。短期間で日本語能力を向上させ、専門教育に飛び込ませる「日英ハイブリッド教育」は留学生に過度なプレッシャーを与え、大きな挫折を経験させるおそれもあることから、留学生支援が不可欠であり、プログラム事務やメンター、チューターによる支援のほかに、メンタルヘルスの専門家による支援体制も整備する必要がある。

7. おわりに──日本語教育関係者はどのような　支援ができるか

　本章では一般的な英語学位プログラムではなく、優秀な留学生を対象とした日英ハイブリッドプログラムにおける英語から日本語へのトランジションを中心に分析した。最後に、本プログラムの日本語教育関係者はどのような

支援ができるかを考えてみたい。

　Aプログラムは、入学時に日本語能力を問わず、言語の障壁をなくすことで、広く海外の最優秀層の学生の積極的な受け入れを行っている。入学料・授業料が免除され、毎月奨学金支給という条件は学生にとって魅力であり、集まってくる留学生たちは強い学習意欲と高い志をもっている。

　本章のインタビューからは、プログラム関係者がトランジションの問題を認識し、対策が必要であると感じていること、また留学生が日本語へのトランジションが1、2年次から始まることを入学後に知り、戸惑いを感じたことを明らかにしたが、留学生の語りは、もともと強い学習意欲をもつ最優秀層の学生たちにとっては、こうしたトランジションの情報はかならずしもマイナスの要素ではないことも示していた。教育関係者はこれまで言語の切り替え（専門教育の日本語への切り替え）が早期（1、2年次）から始まることは進学先選択においてマイナス要素になりうるのではないかと不安視していたが、留学生たちは情報が事前に共有されていれば、学部入学前にもっと日本語学習に力を入れたと答えており、よりスムーズにトランジションを乗り越えるために、正確な情報伝達の必要性が示唆された。また、留学生たちが様々なネットワークを用いて、支援を得ながら努力を重ね、トランジションの問題に対処している実態が明らかになり、学習支援だけでなく学生たちの支援環境を整えていくことも重要であることがわかった。

　しかし、こうした留学生たちのトランジションに対するポジティブな声が多い一方で、初級の基本的な漢字学習につまずいた日英ハイブリッドプログラムの留学生や国費の研究留学生がいたように（前田・河内2020）、Aプログラムにも、学習の開始直後でのつまずきが懸念される。教員インタビューからも、コロナ禍でオンライン授業になってしまった結果、日本人学生とほとんど交流できずに思ったように日本語の能力が向上しなかった留学生が、3年生からの日本語による専門科目で本人の本来の能力とは乖離した成績をとってしまい大変なショックを受けたという、トランジションによるつまずきの話が聞かれた。岡村（2019）も、日本語学校ではある程度日本語ができると思っていた留学生でも、大学に入学すると日本語が通じないことや、授業の日本語が理解できないことで挫折を経験することがあると述べている。

そして、学力不振が修学継続意欲の低下につながり、その際に大学のなかで再びがんばろうと思えるのかは、周囲の支援の有無によるところが大きいという。日本語教育関係者はそういうトランジションにつまずいた留学生のセーフティーネットを作り、専門教育に適応していくための日本語学習支援をしていくことが必要ではないかと考える。優秀な留学生を対象としたハイブリッドプログラムは、短期間での日本語能力育成が可能となる一方で、留学生に大きな挫折を与えるリスクをはらんでいることを忘れてはならない。また、プログラムでは現在、語彙の支援教材が開発されているが、今後、専門科目のためのよりよい日本語の学習方法を考案し、学生に紹介して自律した学習者になるよう促すことも大切である。

　まもなく6期目を迎える本プログラムは様々な問題を抱えているが、まずはもっとも切実な「英語から日本語へのトランジション」問題を解決し、スムーズに専門教育に移行できるようなカリキュラム改善をする必要がある。足元の問題解決をせずに、少子化社会における大学の生き残りや大学の国際化、日本社会への貢献につなげることはできないだろう。

注
1) 平成29（2017）年4月、国立大学法人法の改正により創設された制度で、日本の大学における教育研究水準の著しい向上とイノベーション創出をはかるため、文部科学大臣が世界最高水準の教育研究活動の展開が相当程度見込まれる国立大学法人を「指定国立大学法人」として指定することができる。（https://www.mext.go.jp/component/b_menu/shingi/toushin/__icsFiles/afieldfile/2019/03/28/1414767_22.pdf）
2) アルバイトを希望する場合は事務に申請書を提出し、会議で承認を受ける必要がある。
3) 守谷（2012）の英語学位生への調査では、日本語学習が順調ではないと答えた者は経済的な問題を要因としてあげていたという。生活費が十分でない場合、アルバイトを希望しても日本語力が十分ではないため見つかりにくく、経済的余裕がないとイベント等にも参加しにくいため、日本語の使用機会がますます制限されるといい、経済的な問題が日本語学習状況にも影響を及ぼす可能性を示唆しているが、十分な奨学金のあるＡプログラムでは経済的問題が学習の弊害になることはない。
4)「メンター制度」は豊富な知識と職業経験を有した社内の先輩社員（メンター）が双方向の対話を通じて、後輩社員（メンティ）のキャリア形成上の課題解決や悩みの解消を援助して個人の成長をサポートする制度で、直属の上司や先輩でないことが一般的であるが（https://www.mhlw.go.jp/topics/koyoukintou/2013/03/dl/h27030913-01_0.pdf）、Ａ

プログラムのメンター制度も学部・学科の指導教官ではないＡプログラムの教員（メンター）が対話を通じて留学生（メンティ）をサポートする。

5）教員にはプログラム立ち上げ期からかかわっている教員とこの1、2年の間にかかわるようになった教員とがおり、プログラムにおける経験や情報量には差があるが、プログラムの課題の抽出を目的とするため、それらを区別せずに整理する。

6）工学系の専門科目である七つの講義で用いられた語彙を分析したところ、当該科目で用いられる語彙は、3回目（専門語彙においては5回目）までに学習しておくことが望ましいことが明らかになった（阿久澤・岡田・河合・佐々木・河内・長谷部 2023）。この結果をもとに、語彙リストを事前に配付するとともに、どの語が講義のどの程度の段階に出てくるのかといった情報を留学生に提供している。

7）留学生Ｏが言及した英語科目は当該学科の学生の必修科目であり、ホームルームのような役割を果たしているようである。しかし、履修要項には、英語能力が高く、かつ日本語能力の向上がもとめられるＡプログラム生については「英語の能力によっては、日本語履修の単位を英語履修の単位に読み替えることを認める」と書かれており、ホームルームの役割を知らなかった留学生Ｏはその英語科目を受講しなかった。学科もプログラム事務・教員もそのような問題が生じることを事前に把握できていなかったのではないかと思われる。

参考文献

阿久澤弘陽・岡田幸典・河合淳子・佐々木幸喜・河内彩香・長谷部伸治（2023）「講義動画字幕システムから見る専門科目における語彙の使用実態」『日本語教育支援システム研究会第10回国際研究集会予稿集』, 191-194.

太田浩（2011）「大学国際化の動向及び日本の現状と課題——東アジアとの比較から」『メディア教育研究』8(1), S1-S12.

岡村佳代（2019）「留学生の修学意識——修学と就職の間で揺れる留学生」ウェブマガジン『留学交流』99, 13-25, https://www.jasso.go.jp/ryugaku/related/kouryu/2019/__ics-Files/afieldfile/2021/02/19/201906okamurakayo.pdf〈2023.06.30 アクセス〉

加賀美常美代・小松翠（2013）「大学コミュニティにおける多文化共生」加賀美常美代（編著）『多文化共生論——多様性理解のためのヒントとレッスン』明石書店, 265-289.

佐々木幸喜・河合淳子（2019）「オンラインによる渡日前準備学習——留学生活への円滑な移行を目指して」『留学生交流・指導研究』22, 49-60.

本多充（2022）「講義動画字幕システムの構築と運用」『ことばと社会』24, 64-76.

前田真紀・河内彩香（2020）「漢字学習につまずいた初級学習者を対象とした補講授業報告」『東京外国語大学国際日本学研究』0（プレ創刊号）, 224-237.

守谷智美（2012）「大学における新入留学生受け入れの現状と課題——留学生支援コミュニティ創出に向けた日本語教育の視点から」『コミュニティ心理学研究』16(1), 3-16.

第4章 | 理系英語学位留学生の就職活動の葛藤

長谷川由香

理系分野での人手不足が深刻化するなか、外国人留学生は、技術系の高度外国人材の卵として期待されており、高い技術力があれば日本語をもとめない企業も出てきている。しかし、大卒、大学院卒の新卒採用の場合、多くの企業が外国人留学生に「高い日本語力」を依然としてもとめており、それは理系の留学生も例外ではない。多様性を重視する社会の潮流のなかで、日本人学生と同じ土俵での就職活動をもとめられている状況は、日本語の学習歴がない、あるいは学習の機会が限られた留学生にとって高いハードルとなる。

　本章では、理系の英語学位プログラムの留学生へのインタビューから、かれらの就職に対する意識と企業のもとめる人材、選考方法等のギャップを分析し、本書のテーマである「日本語を学ぶことが必要か」という問いに対する答えを理系の学生の視点から探りたい。

1. 深刻な理系人材の不足

　政府は、成長戦略として掲げる科学技術・イノベーションの一環として理系人材の育成をめざし、自然科学（理系）分野を専攻する学生の割合を2020年度の35%から2032年にOECD諸国並みの50%に引き上げることをめざしている。経済産業省が2018年に行った「理工系人材需給状況に関する調査」結果によると、人工知能、統計、オペレーションズ・リサーチ、webコンピューティング、数学の分野では17年度採用予定人数より19年度採用希望人数が増加すると予想され、さらに5年後に技術者が不足すると予想される分野は、機械工学、電力、通信・ネットワーク、ハード・ソフトプログラム系、土木工学であった。人口減少や少子高齢化に直面し、さらにコロナ禍を経て先端IT人材が不足する現在、理系人材の育成と確保は産官学連携での急務である。

2. 日本企業が理系留学生にもとめる日本語力

　それでは、コロナ禍を経て、日本企業ではどのような理系外国人材をもとめているのだろうか。ディスコキャリタスリサーチの調査によれば、高度外

表 4-1　企業が外国人留学生にもとめる資質トップ 3 の推移（2013 ～ 2022 年）

年	理系			文系		
	1 位	2 位	3 位	1 位	2 位	3 位
2013	日本語力	異文化対応力	コミュニケーション力	日本語力	異文化対応力／コミュニケーション力	
2014	日本語力	コミュニケーション力	専門知識	日本語力	コミュニケーション力	異文化対応力
2015	コミュニケーション能力	日本語力	専門知識	コミュニケーション能力	日本語力	バイタリティー
2016	コミュニケーション能力	日本語力	専門知識	コミュニケーション能力	日本語力	基礎学力
2017	コミュニケーション能力	日本語力	専門知識	コミュニケーション能力	日本語力	協調性
2018	日本語力	コミュニケーション能力	専門知識	日本語力	コミュニケーション能力	協調性
2019	日本語力	コミュニケーション能力	専門知識	日本語力	コミュニケーション能力	協調性
2020	日本語力	コミュニケーション能力	専門知識	日本語力	コミュニケーション能力	協調性
2021	日本語力	コミュニケーション能力	専門知識	コミュニケーション能力	日本語力	協調性
2022	日本語力／コミュニケーション能力		専門知識	コミュニケーション能力	日本語力	協調性

（ディスコキャリタスリサーチ調査より作成）

国人材雇用企業のうち 2022 年度に外国人留学生を採用した企業は 30.8％であり、コロナ禍で落ち込んだ 21 年度と比べ回復傾向にある。さらに 23 年度に採用を予定している企業は 43.0％とコロナ前の水準（約 35％）を大きく上回り、留学生獲得への意欲が見られる。また、22 年度の新卒採用者の最終学歴を見ると、学部卒では文系 52.8％、理系 31.9％であるものの、修士課程修了者では文系 19.4％、理系 25.0％、博士課程修了者では文系 2.8％、理系 9.7％と理系が大きく上回っており、理系の高度人材へのニーズが認められる。とくに注目すべきは理系博士課程修了者の割合で、2.7％（2019 年）、7.6％（2020 年）、9.8％（2021 年）、9.7％（2022 年）と、近年増加の動きを見せている。

　一方、国籍を問わず優秀な人材を確保したいとしながら [1)]、「外国人留学生に求める資質」として「日本語力」をあげる企業は依然として多く、直近 10 年間を見ると、ほぼ「日本語力」と「コミュニケーション力」が 1 位と 2

位を占めている（表4-1）。文系では2021年以降「コミュニケーション力」が「日本語力」にとって代わる傾向が見られるのに対し、理系では2015〜2017年に2位となった以外、常に「日本語力」が1位である。なお、コロナ禍の2021年に、理系で「日本語力」が約5%上昇したことが特徴的である。

　なぜコロナ禍を経て留学生に日本語力がよりもとめられるようになったのだろうか。一つの解釈として、高度外国人材の採用サポート事業を展開し、外国人材と企業をつなぐ就職・転職サイトの記事では、コロナ禍のオンラインでの仕事において、日本人同士でもコミュニケーションに困難を抱えるなかで、日本語が流暢ではない外国人が苦労し、仕事の理解が困難であったことが関係しているのではないかと推測している[2]。この他、「オンライン面接のみで採用した人材が、入社してみると期待した日本語レベルを大きく下回っていた」「職場でのリアルなコミュニケーションでは問題がなかったが、リモートワークになったとたん、業務上で支障が出てきた」といったケースが報告されているという。さらに、争奪戦となっている理系外国人留学生に関しては、英語ができれば日本語力はさほど問わないとする企業もあったが、日本語力の基準をあげたり、公的な試験（日本語能力試験）の結果を活用するなど、実質的なコミュニケーション力を測る企業が増えており、既存外国人社員向けの日本語教育のニーズも高まってきていると指摘されている。

　また、企業が理系留学生にもとめる日本語レベルについては、内定時と内定後では異なる。ディスコキャリタスリサーチ（2023）の調査によれば、日常会話レベルおよび「ビジネス初級レベル」という企業は、2022年には内定（選考）時29.3%、入社後13.8%であり、2014年の13.0%、2.3%と比べると増加している（図4-1）。その一方で、ネイティブ相当およびビジネス上級レベル（「幅広いビジネス場面で日本語による適切なコミュニケーション能力がある」）の日本語力をもとめる企業は、内定（選考）時は45.0%、入社後は69.7%であり、2014年の42.0%、73.3%から大きく変化していないことがわかる。約10年間、約7割の企業では入社後に高い日本語力を留学生にもとめていることになる。

　企業側の視点から、留学生の就職活動の問題点としてあげている項目として、経済産業省関東経済産業局（2022）では、①日本の採用文化への理解不

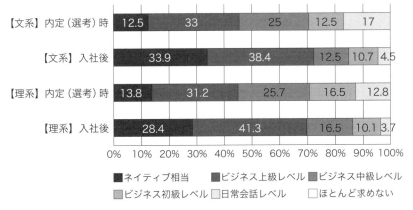

	ネイティブ相当	ビジネス上級レベル	ビジネス中級レベル	ビジネス初級レベル	日常会話レベル	ほとんど求めない
【文系】内定（選考）時	12.5	33	25	12.5	17	
【文系】入社後	33.9	38.4	12.5	10.7	4.5	
【理系】内定（選考）時	13.8	31.2	25.7	16.5	12.8	
【理系】入社後	28.4	41.3	16.5	10.1	3.7	

**図 4-1　外国人留学生の内定（選考）時、入社時にもとめる
日本語コミュニケーションレベル**

（ディスコキャリタスリサーチ（2023）より作成）

足、②就職試験への準備不足、③企業がもとめる日本語能力の不足、④求人
が少ない、などの点が指摘され、早期からのキャリア教育や就職活動の準
備・練習について具体的な取り組みを紹介している。しかし、理系の留学生
は、一般的に文系の学生よりも学習時間を必要とするなかで[3)]、こうした就
職準備をしていくことは簡単ではない。

3. 理系留学生への日本語教育

　こうした課題があるなかで、理系の学生への日本語教育の分野はどのよう
な役割を果たしてきたのだろうか。理系の日本語教育は、専門日本語教育の
分野を中心に、様々なテーマで留学生の日本語学習の支援を検討しており、
90 年代から 2000 年代にかけては専門語彙の基礎的研究・教育（山崎他 1992、
守山 2000、水本・池田 2003、佐藤 2005、小宮 2005 等）[4)]、論文作成支援の研究
（仁科 1995、中野・柳沢 2007、伊藤他 2013 等）[5)]、そして、近年は理系に特化し
た就職支援の取り組み（池田 2015、池村 2022 等）なども行われてきた。
　一方で、理系の留学生を取り巻く大学の環境、企業の採用など制度的な問
題を取り上げている論文は少なく、学生たちのそうした制度に対する対応の

あり方に関しても今後の研究が必要とされている。村田（2009）は、理系の大学院のゼミにおける留学生の経験を分析して、De Certeauのブリコラージュ（組み合わせ、寄せ集めの素材で何かを作り出すという実践）の概念を用い、支配的な社会構造に対抗する人々の日常における「戦術」として、留学生たちが複言語や様々なリソースをどのように用いているのかを分析し、入学時の「見えない存在」から他者と何とかつながっていく存在へと変化していく過程を分析している。また、留学生たちが、英語だけを用いて日本の大学院で人やコミュニティとつながっていくことは、かならずしも簡単なことではないこと、英語での受け入れを標榜している大学院においても、実質的に日本語でゼミが行われるなどの状況のなかで、壁にぶつかりながら、自分なりの方法を見いだしていくことが必要とされていることを浮き彫りにしている。

4. 理系留学生の就職活動の葛藤

　2節では、理系人材不足の深刻な状況にありながら、コロナ禍の業務オンライン化を経て企業が外国人材にもとめる日本語力は下がるどころかむしろ高まっているという、矛盾した状況を見てきた。また、3節では、日本語教育において、留学生の大学における勉学や研究に役立つ日本語、そして就職に役立つような日本語の教育を中心に検討している一方で、留学生が在学中に自らの日本語の使用やキャリアに関してどのように感じているのか、そしてそこには制度的な問題がどのようにかかわっているのか、という点に関しては、十分に光があてられてこなかったことを指摘した。

　理系の学生は、専門科目の履修で忙しく、日本語科目が単位認定されない場合も少なくないことに加え、日本語能力の不足を感じても、あるいは自らの日本語レベルを確認する機会のないまま、日本語科目を履修しない学生が一定数存在している（長谷川2022）。また、理系の学部、大学院の英語学位プログラムでは、基本的に英語で授業が行われるものの、前述の村田（2009）でも述べられているように、ゼミ、研究室における会話に日本語が必要となるケースも見受けられ、日英の境界線を越えていくことがもとめられる。さらに、英語学位プログラムの場合、日本語科目は初級レベルで提供されてい

ても、中上級では必修ではないケースも多いため、日本語の学習を止めてしまう学生も少なくない（第2章参照）。なかには日本語科目が全く提供されていないプログラムもあり、そうしたプログラムでは、学生が独学で学ぶことが必要とされる。筆者は理系の留学生に日本語を指導してきたが、留学生のなかには入学中から十分に日本語力を高めて就活の準備をしている学生がいる一方で、専門科目の勉強に忙しく、日本語を学んだり、日本語力を伸ばす機会が十分にないまま、就活の時期を迎え、困難を感じている者がいる。そうした学生たちの感じる困難さは、理系の留学生に対する日本語教育をめぐる制度的な問題と深く結びついていると感じている。

　本節では、関東に位置する理系の大学院の英語学位プログラムで学んでいる2名の留学生へのインタビューを分析することを通じて、こうした留学生をめぐる制度的な問題、そして日本企業がもとめる要素とのギャップについて検討する。インタビューは2023年2月、対面で個別に半構造化形式で実施した。以下はその内容を筆者がまとめたものである。

4-1.　学生A（博士3年 理系英語学位プログラム、来日時の言語レベル：中級）

・**来日の背景**：母国で修士課程を終えてから2018年夏に来日し、博士課程に入学した。学部に入学する前から日本のアニメやゲームに興味があり、日本語の勉強を独学でしていた。日本のものづくり精神を感じて、以前から日本に行きたいと思っていた。

・**日本語使用と学習**：最初は日本語が全くわからなかったが、英語学位プログラムにもかかわらず、ゼミは日本語で行われ、日本語環境で勉強することとなった。毎週のゼミでは、他の学生は日本語で発表し、自分だけが英語で発表（と質疑応答）をする形式であった。そして、教員とは英語でコミュニケーションがとれたが、ゼミ内では日本語で交流する必要があった。日本語の中上級科目も履修し、会話は前よりできるようになったが、研究において日本語でレポートを書く機会はない。

・**キャリア**：日本で半導体または精密機械系の企業に就職して住みつづけたいが、就活では苦労しており、日本で博士の就職は難しいと感じている。会社側も博士課程の学生が応募してくることに対して変な印象をもってい

るように感じている。(研究職ではなく)一般企業に就職したいが、自分は博士なので中途採用が主になるのではないかと思う。日本では博士課程の学生の就職は難しいが、キャリアセンターでどうしたらよいのかアドバイスは得られなかった。就職活動ではまだ内定が出ない状況で苦しんでいる。去年、20〜25社以上エントリーしたが、面接に進んだのは7、8社で、そのうち2次面接まで行ったのは1社だけだった。いろいろ考えて現在は就活を一時ストップし、研究に専念している。まずは博士課程を終え、その後で就職を考えたい。

4-2. 学生B（修士2年 理系英語学位プログラム、来日時の言語レベル：初級)

- **来日の背景**：2022年の4月に来日した。子どものころから日本のアニメに親しんでおり、このプログラムにはいりたいので独学で日本語を勉強した。日本の大学院に入るためには来日前に長時間日本語を勉強しなければならないが、英語学位プログラムはその必要がなく、日本なら来やすいし安全だと考えていた。

- **日本語使用と学習**：来日時、N4-5（初級前半）レベルだったので日本語が話せず、相手の言っていることが少ししか理解できなかった。日本では部屋を借りるのが大変で、英語対応可能のシェアハウスに住むことにした。生活では買い物ぐらいでしか日本語を使わないが、就職するためには、日本語を学ばなければと思った。しかし、大学で英語学位生のためには初級のクラスしか提供されていないので、独学でJLPTのN2の準備をした。試験には合格したが、文法と語彙はまだ弱く、自信がない。大学で日本語を使うチャンスが少ない。

- **キャリア**：就活に関しては始めたばかりで、キャリアセンターにはまだ行っていない。大学にサポートしてほしいと思っているが、実際には難しいと考えている。今、修士2年の最後の学期になるので、就職活動の時期的に遅く、日本語レベルとしても採用のハードルは高いと感じている。そのため、日系の会社ではなく、母国の会社ならば可能性があるかと思い、昨日、日本にある母国のIT企業の面接を受けた。結果はわからないが、もしこの会社にはいったとしても在日企業なので、日本語でのコミュニ

ケーション力は重要で、自分の日本語はまだ足りないと思う。

　2名の留学生へのインタビューで共通していた点として、日本の文化に興味をもち、留学を決めた点、そして在学中に日本語の必要性を感じ、自分なりの方法で学びを続けている点があげられるが、それぞれのインタビューでは制度的な課題も浮かび上がっている。学生Aのインタビューでは、英語学位プログラムといっても、実際は国内学生向けに日本語使用が前提となっており、ゼミ内での言語的な境界線を乗り越える必要があったこと、そして、学生Bのインタビューでは、入学時には日本語がもとめられず、日本語を学ぶ機会も提供されないものの、就活の段階では高い日本語力がもとめられており、入学時と卒業時でもとめられる言語に大きなギャップがあることが浮き彫りになっている。このインタビューでは触れられていないが、学生Aは筆者のビジネス日本語のクラスで、エントリーシートを丁寧に作成し、面接練習も熱心に行っており、書類審査を通過した企業が数社あったが、面接では準備したこと以外の質問にはうまく答えることができなかったと述べていた。Aのコメントからは博士課程の理系留学生が一般企業に就職することの難しさも感じ取れる。また、学生Bは日本での就職を望みながらも、主に日本語で対応を行うキャリアセンターは敷居が高いと述べており、言語の障壁を含めて、大学からの就職活動のサポートが得にくいと感じている状況もうかがえる。

　こうした例に加えて、世界的な物価高の近年にあって賃金上昇の著しい母国と比べ、平均給与のあがらない日本の企業や日本社会に見切りをつける学生の声も聞かれる。たとえば、社会人2年目となった中国人元留学生（修士卒）は、苦労して就活してやっとはいったIT系企業だが待遇に不満があり、今後給料もあがりそうにないため近いうちに中国に帰って就職しようと思っていると述べた。また、筆者の理系学部留学生へのインタビューでは、せっかく面接まで進んでも専門分野についての質問はほとんどなく、がっかりしたとの声が聞かれた。

　理系人材不足の現在、そして職場における多様化の尊重が叫ばれる昨今、留学生に対して従来のような就職活動や高い日本語力をもとめるような状況

は、これから少しずつ変化していくのではないかと思われる。しかし、学生たちの声からは、企業がもとめる人材像や選考方法と、留学生の現状には依然としてギャップがあることがうかがえる。

5. おわりに——日本語教育関係者に何ができるのか

　最後に留学生に日本語を指導する教員の立場から「理系の留学生に日本語教育は必要か」という問いの答えを考えてみたい。日本語教育を、留学生が人とつながり、社会に参加するための支援と考えるならば、大学でのコミュニティに参加するための生活日本語、アカデミックな日本語、専門日本語の教育はもちろん重要であろう。また、就活対策やビジネス日本語へのニーズが高いことを考えれば、理系の学生のためのビジネス日本語教育の充実をはかることが必要であろう。

　しかし、専門日本語教育、ビジネス日本語教育など、狭義のことばの教育を充実させることだけでは十分とはいえないのではないかと筆者は考える。本章で検討した理系の英語学位生の事例からは、留学生を取り巻く制度上の課題が示されており、学生Aのケースは、英語学位プログラムにおける言語の境界線の問題（入学要項には、すべての科目を英語で学ぶことができると謳っているにもかかわらず、実際は日本語でゼミが行われることも少なくないため、留学生は言語の境界線を乗り越えなければならないこと）、また、学生Bのケースは、大学院での受け入れは英語で行われるものの、修了時に社会からもとめられる言語は日本語であり、そうしたギャップを埋めるための教育的な支援がプログラムに組み込まれていないことを示していた。

　こうした制度的な問題に対して、日本語教育にかかわる教員にできることは、何であろうか。もちろん日本語の学習支援を通じて、留学生の活動の場、社会参加の可能性を広げることは非常に大切であるが、それと並行して必要なこととして、留学生の声に耳を傾け、かれらを取り巻く困難な状況、境界線を分析し、対外的に発信していくこと、そして、学生にとって望ましい教育環境について、専門科目の教員、キャリアセンターの職員等、関係部署と連携して、話し合い、改善のために行動することが大切であると考える。ま

た、大学側は企業へ選考方法の改善を積極的に働きかけるとともに、企業の留学生の選考方法を熟知し、留学生の専門性、日本語レベルにマッチした企業を把握し、情報を提供することがもとめられる。留学生が就職活動において困難を感じた時、かれらの話に耳を傾け、見守り、教員として何ができるのか考え、行動していくことが大切であろう。

注

1) 外国人留学生を採用する目的としては、「優秀な人材を確保するため」が文系73.9%、理系76.4%でもっとも多い。
2) オリジネーター（2021a）「コロナ禍2年目で外国人採用に変化!? コミュニケーションの課題感から採用基準見直しの動き」『リュウカツニュース』
3) 理系大学生の1日あたりの勉強時間（授業を除く）は57.9分で、文系の33.4分を上回っている。（全国大学生活協同組合連合会（2019）「第55回学生生活実態調査 概要報告」）
4) 山崎他（1992）は基礎的な科学技術日本語の用語と書き言葉での表現を学習するためのテキストを発行した。理系分野語彙研究の例をあげると、守山（2000）の水産学用語集、水本・池田（2003）の環境工学系語彙調査、佐藤（2005）の数学語彙分類、小宮（2005）の化学基礎的専門語調査、徳弘他（2019）の理系留学生のための漢字リストの開発、等、多岐にわたる。
5) 理工系専門分野別日本語オンラインシステム辞書の開発（仁科1995）、日本語非母語話者のための理工系論文表現支援システムの試作と評価（中野・柳沢2007）、話し言葉コーパスを用いた理工学系語彙・用例学習支援システムの開発（伊藤他2013）、東京大学工学系研究科による「理工学系話し言葉コーパス」等がある。

参考文献

池田隆介（2015）「入社後の学びを見据えた理系留学生へのビジネス日本語教育」『専門日本語教育研究』17, 7-10.

池村彰子（2022）「神戸大学における留学生就職支援の新たな取組み——理系留学生向けセミナー実践報告」『大學教育研究』30, 1-19.

伊藤夏実・遠藤直子・菅谷有子・成永淑・古市由美子・森幸穂（2013）「話し言葉コーパスを用いた理工学系留学生のための日本語学習支援システム『理工学系語彙・用例学習支援システム　レインボー Rainbow』の開発」『教育研究論集』21, 115-157.

オリジネーター（2021a）「コロナ禍2年目で外国人採用に変化!? コミュニケーションの課題感から採用基準見直しの動き」『リュウカツニュース』https://ryugakusei.com/news/5480/〈2023.06.22 アクセス〉

オリジネーター（2021b）「日本で働く外国人社員の就労環境と転職に関するアンケート実

施報告」https://ryugakusei.com/news/4429/〈2023.06.22 アクセス〉

経済産業省関東経済産業局（2022）「教育機関における外国人留学生就職支援ガイドブック」https://www.kanto.meti.go.jp/seisaku/jinzai/data/220420_ryugakuseishien_manual.pdf〈2023.06.22 アクセス〉

小宮千鶴子（2005）「理工系留学生のための化学の専門語——高校教科書の索引調査に基づく選定」『専門日本語教育研究』7, 29-34.

佐藤宏孝（2005）「数学における専門日本語語彙の分類——留学生への数学教育の立場から」『専門日本語教育研究』7, 13-20.

全国大学生活協同組合連合会（2019）「第 55 回学生生活実態調査概要報告」https://www.univcoop.or.jp/press/life/report55.html〈2023.06.22 アクセス〉

ディスコキャリタスリサーチ（2023）「外国人留学生／高度外国人材の採用に関する企業調査」結果レポート（2022 年 12 月調査）https://www.disc.co.jp/research_archive/research_archive_category/company/kigyou-oversea-report〈2023.06.22 アクセス〉

東京大学大学院工学系研究科『理工学系話し言葉コーパス』https://www.jlcse.t.u-tokyo.ac.jp/ja/programs/tools/support-system/〈2023.06.22 アクセス〉

徳弘康代・西山聖久・レレイト エマニュエル・服部淳・鷲見幸美（2019）『理系留学生のための重要漢字——単語と例文』名古屋大学留学生支援事業.

中野てい子・柳沢昌義（2007）「日本語非母語話者のための理工系論文表現支援システムの試作と評価」『日本教育工学会研究報告集』07(5), 173-180.

仁科喜久子（1995）「理工系専門分野別オンラインシステム」『日本電子化辞書評価報告書』1-12.

日本学生支援機構（2022a）「2020（令和 2）年度外国人留学生進路状況・学位授与状況調査結果」https://www.studyinjapan.go.jp/ja/statistics/shinro-and-gakui/data/2020.html〈2023.06.22 アクセス〉

日本学生支援機構（2022b）「令和 3 年度私費外国人留学生生活実態調査」https://www.studyinjapan.go.jp/ja/statistics/seikatsu/data/2021.html〈2023.06.22 アクセス〉

長谷川由香（2022）「理工系留学生にとっての日本語使用上の困難点と学習ニーズ——アンケート結果から」『多文化社会と言語教育』2, 39-47.

林洋子（2004）「工学系修士論文口頭発表に用いられる語彙・表現」『専門日本語教育研究』6, 25-32.

水本光美・池田隆介（2003）「導入教育における『基礎専門語』の重要性——環境工学系留学生のための語彙調査と分析から」『専門日本語教育研究』5, 21-28.

村田晶子（2009）「複言語状況におけるブリコラージュが意味するもの——工学系の 2 つの共同体における事例から」『WEB 版リテラシーズ』6(2), 1-9.

守山惠子（2000）「留学生のための水産学用語集作成の試み」『専門日本語教育研究』2, 54-57.

文部科学省（2019）「外国人の受入れ・共生のための教育推進検討チーム報告書」https://www.mext.go.jp/component/a_menu/other/detail/__icsFiles/afieldfile/2019/06/17/

1417982_02.pdf 〈2023.06.22 アクセス〉

山崎信寿・平林義彰・富田豊・羽田野洋子（1992）『科学技術日本語案内 —— 理工学を学ぶ人のための』草拓社.

第5章 就労の日本語教育は本当に必要なのか

いわゆる「業務」と日本語の関係について考える

神吉宇一

1. 社会的背景と本章の問題意識

　近年、日本社会では、人口減少からくる人手不足対応という目的で、外国人労働者の受け入れを積極的に行うため、政策が大きく変化している。2019年には特定技能制度が開始され、高度人材は積極的に受け入れるがその他の労働者については「慎重に検討する」、とされていた政府方針が変更された。特定技能制度によって来日する外国人には、条件を満たせば永住できる道も開かれており、外国人労働者受け入れに関する歴史上の大きな転換となった。その後、新型コロナウイルスの世界的流行により、国境を越えた人の移動が制限されたことから、特定技能制度による受け入れは想定どおりに進んでいないが、政府方針は変わりない。政策のとりまとめとしては、2018年以降毎年、「外国人材の受入れ・共生に関する関係閣僚会議」によって、「外国人材の受入れ・共生のための総合的対応策（以下総合的対応策）」が発表・更新されている。また、2022年には同会議によって「外国人との共生社会の実現に向けたロードマップ（以下ロードマップ）[1]」が発表された。総合的対応策が、各年の政策という短期的視点による対応にとどまっていたことへの反省から、中長期の政策方針をとりまとめたものがロードマップである。

　日本語教育に関しても、様々な法整備や政策の取り組みが進んでいる。2019年には「日本語教育の推進に関する法律」が公布・施行され、国内の日本語教育の目的は「共生社会の実現」と明記された。以後の日本語教育政策は、この法律が拠り所となっている。政府[2]はさらに、「日本語教育の参照枠（報告）」「地域における日本語教育の在り方（報告）」等を発表し、日本語教育のなかでもとくに地域における日本語教育の充実という観点から政策の整備を進めている。併せて、文化庁による補助金事業「地域日本語教育の総合的な体制づくり推進事業」によって、都道府県や政令指定都市においても、域内全体、もしくは基礎自治体レベルで日本語教育に関する政策整備の動きが広がり始めている。

　政府のおおまかな類型では、日本語教育を生活・就労・留学という三つで考えるとされている。このうち、留学については、法務省告示日本語教育機

関 [3] や大学の留学生別科等の取り組みが対象として想定されている。生活については、既述したとおり都道府県や政令指定都市、基礎自治体での整備が進んでいる。では、就労についてはどうであろうか。就労に関する日本語教育の取り組みは、古くは 1960 年代ごろから行われている。しかし日本語教育の一つの領域として広く注目されるようになったのは、留学生に対する就職支援のビジネス日本語教育 [4] や看護・介護に関する日本語教育 [5] に政府が取り組み始めた 2000 年代後半以降である。

　本章では、就労の日本語教育は本当に必要なのかという問題意識について論じる。まず、筆者が行った調査のデータをもとに、外国人労働者受け入れ企業において、業務と日本語がどのような関係にあり、誰がどのように日本語でコミュニケーションを行っているか、またはいかに日本語が必要とされ・・・・・・・・・・・・ていないかを提示する。そのうえで、現在取り組まれている就労者に対する日本語教育を批判的に検討し、いわゆる「業務」のための日本語教育の必要性は限定的であるということを主張する。そして、共生社会の実現に向けた就労者に対する日本語教育は、人々のつながりやかかわりを生み出すためにこそ必要であることを述べる。

2. 調査について

　本章では、筆者が様々な場所で行ったインタビューの文字化データやインタビュー時のメモのデータを用いる。具体的には 1) 東海地方にある自動車部品メーカーの社長である平田さんインタビュー、2) 関東圏の技能実習受け入れ企業で実習生管理の仕事をしている中国人の張さんのインタビュー、3) 関東圏のインド料理店で働いている料理人ラオさんのインタビューという三つの調査で収集したデータを用いる。

　平田さんが社長を務める H 社は 1969 年創業である。主力製品は自動車の内装品で、複数の大手自動車メーカーの下請けとして業務を行っている。H 社は企業理念として「多文化共生」を掲げている。筆者が調査を行った 2021 年 11 月当時、社員数が 149 名、うち外国人社員が 80 名であった。国籍は主にブラジル、ペルー、フィリピン、ベトナムで、永住者、定住者、技能

実習という三つの在留資格の保持者がほとんどであった。業務は複数の工程に分かれており、それぞれの工程ごとに作業班が構成されている。この作業班は、基本的に共通言語をもつ人たちで構成されており、リーダーにその共通言語と日本語ができる人を配置している。つまり、作業班内のやりとりはポルトガル語やビサヤ語、ベトナム語など各班内の共通言語で行われることが多い。

　張さんの従事する技能実習受け入れ企業の業態はスーパーマーケットで、技能実習生は各店舗に搬入する肉のカットやパッキング、ハムやソーセージ等の食肉加工品製造、惣菜の製造等を行っている。インタビューは 2022 年 12 月に対面で実施した。張さんは中国の国立外国語大学日本語学科を卒業後、大学院で学ぶために日本に留学してきた。大学院ではビジネス日本語を専攻し、修了後は中堅規模の鉄道系旅行会社で営業職に就いていた。本人の第一希望の就職先であり、東証プライムに上場している企業だが、3 年弱で退職し現在の職場に勤めている[6]。主な業務は、技能実習生と日本人管理職の橋渡しや実習生の在留等に関する事務手続き、実習生の生活支援等である。実習生は中国、モンゴル、ベトナム出身者で、中国人以外とは日本語で話しているが、ほとんど通じないということである。

　ラオさんは、関東圏のインド料理店で働いているインド人ムスリムの料理人である。インタビューは 2022 年 6 月に対面で実施した。調査時点で日本在住は 21 年であった。妻と 4 人の娘がインドに残っており、家族を養うために出稼ぎで日本にやってきた。21 年間一貫してインド料理の料理人として働いており、現在のお店は三つ目の職場である。日本語はあいさつ程度しかできないため、店主のインド人に通訳してもらいながら話を聞いた。

3. 分析

3-1. 平田さんのインタビューと H 社の訪問から
——外国人社員の業務上の課題ってありますか？

　　安全衛生管理研修が日本語でしか受けられないから、その準備が大変ですね。業務としては十分にできることでも、研修の日本語がわからな

いから研修が受けられないし、それが受けられないと衛生管理者としての仕事もできないから。

——その資格はとらないといけないものなんですか

　会社として配置しないといけないので、外国人でもメインでがんばってる人にはとってもらいたいです。それに、資格があると、個人としても昇給させられるし、外国人でもどんどんリーダーになっていってほしいと思っています。

——業務で日本語で困っていることはありますか

　ないです。もし、業務上の問題が発生しそうだったら、通訳を雇うとかで対応します。それは会社が業務としてやるべきことで、外国人の責任ではないと思っています。

　これらの話から、少なくともH社では、日本語の問題による業務の停滞は会社側が責任をもって対応することであるとされていることがわかる。逆に、多くの就労現場で、本来就労現場・企業の責任でコミュニケーションの環境を整えたり、人材配置や育成を行ったりしなければならないところを、日本語教育者の「善意」が、就労現場・企業の取り組みを後退させ、結果として就労現場・企業が責任を負わなくてもよいような形を作り出してしまっているとはいえないだろうか。

　社員の育成について、平田さんは以下のような話をしてくれた。

　　考えられる社員を育てるのが重要だと思っています。スキルだけ教えて作業がうまくいっても、それはその人の本当の意味での成長にはつながらないですよね。失敗は人間だからやる、成功体験のための失敗もあると思うので、挫折や不安などを乗り越えてほしいです。

　実際に、工場内を見学し、ここでいう「考える社員の育成」という観点から、業務の改善活動についても紹介してもらった。H社では月に1回、各自が担当している作業をよりよくするための改善提案を任意で行うことができるような仕組みを作っている。その際、言語的な障壁を下げるために、動画

を作成することと、字幕を必ずつけることをルール化している（図5-1）。そして、作成した動画をみんなで見て、一番よかった、わかりやすくて業務改善につながりそうだと思ったものに投票し、一位を表彰するという取り組みを行っている。一位の賞品は100円程度の社名入りクッキーで、平田さん曰く「大したものではないけれど、意外とみんなこれで盛りあがる」ということであった。また、出身や職位にかかわらずこの活動には誰でも参加することができ、

図5-1　改善活動で作成した動画フォーム

「がんばったことが公平・公正に評価される」ことを社員に示すことも狙っている。

3-2.　張さんのインタビューから

——実習生の人たちは日本語できるの？

　　　モンゴル人とはこんなにことば通じないんだって思いました。私もすごい簡単な日本語でしゃべろうとしているのに、こんなに通じないんだって。ベトナム人は何を言っても「はいわかりました」って言うから、それはそれで困るんですけど。

——みんな一応日本語勉強してくるんだよね。

　　　そう、でも6か月も本国で勉強させてたのに、ここに来て何も通じないっていうのはどういうことだって思います。

——ぜんぜんしゃべれない人とか、ぜんぜん日本語勉強しない人とかいるでしょ？

　　　いっぱいいます。日本語いらないって言ってます。でも私たちも困ってます。病院に行きたい時とか「先生（筆者注：張さんのこと）連れてってください」って言われてもこっちも困るよって。だから勉強してほし

いのよ日本語、確かに現場ではいらないけど、自立して日本で生活できるように必要ですね。

　張さんのインタビューからも、実習生の業務では日本語が必要ではないこと、また実習生たちのなかにも全く学ぶ気のない人が相当数いることもわかる。そして日本語は業務のためというよりは生活の自立のために必要とされている。以下の例から、日本語力によって行う業務に支障が出ないように人の配置等の工夫が行われている。

——張さんたちみたいな仕事は日本語ができないと困るけど、そこで働いている実習生とか特定技能の人は、日本語できなくても、なんにも問題がない？
　　うん、仕事上だと問題ないですね。だって、一人できる先輩がいたら教えられます。あるいは上司の指示を伝えることができます。外国人に慣れている上司だったら、わかりやすく伝えることもできます。
——あー、外国人に慣れてる上司は、通じることばだけを使って話すとか
　　そうですそうです、たとえば機械がいっぱいあって、実習生が何を次やればいいんですかって言ったら、もはや機械の名前しか言わない、「Z-1行け」とか。たとえば、朝礼の時は一人できる子を呼んで通訳させるんですけど、でもそれ以外のコミュニケーションは、ほぼ母国語でみなさんしゃべってるんですね。先輩が後輩に教える、その後輩がまた後輩に教えるみたいになってて。

　しかし、さらに話を聞いていると、外国人従業員のなかにも日本語を話したいと思っている人が一定数いることがわかった。そして、業務では日本語が必要ないにもかかわらず、採用時に日本語力を重視していることもわかった。

　　最近、外から特定技能を募集し始めて、20人ぐらい入れました。私たちはすごく日本語を重視してN3以上をもとめてたんですね。それで

けっこうよくできるベトナム人がきてくれました。（中略）N3とかN2とかもってなくても話通じるし、あ、こんなにしゃべれるんだって思えるぐらい通じました。

けっこう最近悩み相談で（ベトナム人の）特定技能から聞いたのが、もっと日本語がしゃべれる職場がいいですって言われるんですね。ここもいいんですけど、来年はもしかしたら転職を考えるって。

ライン長の人がけっこう大事なんですね、声かけとか。ハム工場のライン長はけっこう実習生呼んで「最近どう？　日本語勉強してる？」とか話すんですよね、それですごい職場の環境もよくて、みなさん日本語もそこそこしゃべれて、日本人とも接触があるから満足してる。肉を切る工場はライン長があまりしゃべらないというか、内気な人で、あまりそういうコミュニケーションがとれない人ですね。それで外国人も日本語あまり使えないから他の会社に行きたいですっていうのもあるみたい。

このデータは非常に興味深い。業務では日本語が必要でないにもかかわらず、企業側は採用時には日本語力を重視しており、外国人側も日本語を話したい人がいるということである。それは、張さんも話しているとおり「自立して日本で生活できるように」必要だからである。そして、日本語を苦労して学んだ人たちにとって、職場で使う機会がないことは、せっかく覚えた日本語を忘れてしまうことにつながる。だから日本語が話せるところに転職したいと考えているようである。ここでいわれている「日本語を話す」というのは、データでもいわれている「声かけ」のようなもの、つまり業務を進めるうえで必要な情報伝達的なやりとりではなく、交流・雑談的なものであるが、実はこのような日本語使用をもとめている外国人は少なくないのかもしれない。日本語でやりとりすること自体が職場の環境のよさにもつながっているといえる。

3-3. ラオさんのインタビュー時のメモから

　ラオさんが働いている店には、店主（日本語ができるインド人）、店主の妻（ヒンディー語ができる日本人）、もう一人の料理人であるシンさんの4名がいる。ラオさんとシンさん[7]へのインタビューとして実施したが、本章では、ラオさんのケースを扱う。以下は、インタビューで聞き取ったことを筆者がまとめたメモである。

　　ラオさんは母国に妻と娘がいて、娘は全員成人しておりすでに結婚している。21年間、ずっと日本で生活をしていて、あまりインドに帰ることもできないが、近年はオンラインの電話で話ができるようになった。
　　現在のインド料理店は三軒目の職場。最初は都心で働いていたけど、転職してこちら（筆者注：関東圏の地方中核都市）に来た。家賃も安くて暮らしやすい。
　　ムスリムなのでモスクに行くが、そこで同じムスリムの仲間でネットワークをもっている。ムスリムの仲間以外との接点は、プライベートではほとんどない。仕事でも厨房にいるので、お客さんと話すことはほとんどない。
　　仕事を見つけるのは、以前はモスクに行ってそこで求人情報を交換し

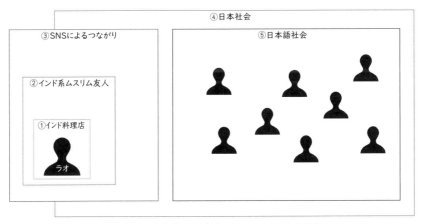

図5-2　ラオさんの属するコミュニティの全体像

ていた。今は、インド人ムスリムのSNSグループがあり、そこに求人情報が流れてくるので、今の店はそれで見つけた。

　日本人との接点はほとんどない、日本はムスリムにとって安心して食べられるものがないので外食もしない。インド系ムスリムの友人と、週末に会って食べながらいろんな話をする。

（2022年6月12日インタビューメモ）

　ラオさんの状況を図示すると図5-2のようになる。まず、インド料理店の従業員の仲間があり（①）、そこから少し広がってインド人ムスリムの友人コミュニティがある（②）。さらにSNSでのつながりもあり（③）、職場以外では②③で情報収集を行っている。③は日本社会の外にもつながりがあるはずなので、図としても少し日本社会の外側に出ている。そして、④が日本社会であるが、日本社会のなかでもラオさんは、日本語が用いられているコミュニティ（ここでは「日本語社会（⑤）」とした）との接点はない。つまり、日本社会に住んでいながら、日本社会の大部分のメンバーで形成されている日本語社会との接点はない。ラオさんがはいっているSNSのコミュニティも日本語社会からはほぼ分断されているといってよいだろう。

3-4.　データから明らかになったこと

　各データからいえることは、少なくともデータとなった就労現場ではほとんどの外国人にとって日本語は業務上必要がなく、日本語が必要なのは資格取得してキャリアアップしたい場合や、仲介役となる一部の外国人に限られる。そして、ある程度の期間日本語を学ぶ機会を与えられたり、一定期間日本に在住したりしている外国人も日本語はほとんどできず、日本語を学ぶ必要性も感じていないということである。同様の環境にある職場は少なくないだろう。では、なぜ日本語が必要ないのか、その理由は以下の3点にまとめられる。一つ目は、従事する業務が言語に依存しない作業が多く、顧客や取引先との接点など、対人コミュニケーションがもとめられる場面もないことである。二つ目は、日本語と他の言語を仲介する役割の人（主として外国人社員）が配置されていることである。逆にいうと、仲介する役割の人は、日本

語を含めて複数の言語ができることがもとめられる。また、外国人に慣れている日本人社員が、最低限のわかりやすい日本語で伝達をしているということもある。いずれにしてもコミュニケーションの仲介者が存在しているということである。三つ目は、H社の改善活動で利用されていたようなテクノロジーの活用である。今回は紙幅の都合で事例としてあげてないが、筆者が調査した別の就労現場の事例では、携帯用の翻訳機器を積極的に使っているところもあった。

　今回のデータでとくに注目したいのは、日本語ができなくても業務には支障がないように様々な対応策がとられているが、日本語ができないことで日本語社会との接点が生み出されにくい状況については、ほとんど何も対策がとられていないということである。日本語教育の有無が、日本社会の分断につながっているといえそうである。張さんのインタビューでは、自立に関する言及があった。ラオさんのインタビューでは、ラオさん自身が日本社会にいながら「日本語社会」とほとんど接点をもっていないことが明らかになった。これらは「共生」とは真逆の状況になっているといえる。就労者に対する日本語教育を通して共生社会を実現するには、どのようなことを考える必要があるだろうか。

4. 共生社会のための日本語教育とは

4-1. いわゆる「業務」と日本語

　就労者に対する日本語教育というと、一般に想像されるのが、職場で使う語彙や表現を学んだり、業務にかかわる文書作成のスキルを学んだりし、それを業務に活かしていこうという、いわゆる「業務」の日本語である。しかし、本章で見たように、就労現場において業務を円滑に行うために、日本語教育以外の取り組みも含めて行われているし、行われなければならない。日本語教育の専門家は、関係者間での対話を開き、就労現場全体でコミュニケーションや業務のあり方を考える契機を提供しなければならない。

　また、多くの人が就労の日本語教育としてイメージするような業務のための日本語教育は、いわゆる「高度人材」や仲介を行う一部の外国人以外には

ほとんど不要である。とくに、これから来日・在留が進むと想定される特定技能の外国人が従事する業務の多くは、そもそも日本語・ことばの必要性が高くないものも多い。そのため、業務の日本語教育を提供しようとしても、学習者側・雇用者側双方の日本語教育のモティベーションにはつながらない可能性が高い。

　さらに、就労者に対する日本語教育は「コミュニケーションの円滑化」をめざして行われることが多いが、そもそも「コミュニケーションの円滑化」とは何かについても改めて考える必要もある。仮にここで想定されている「コミュニケーションの円滑化」というものが、相互のやりとりに対立や破綻がなく、伝えようとしていることが一度で明確に伝わるような効率的なコミュニケーションをめざしているとしたら、その究極の形態はマニュアル化である。極端にいうと、無言で通じることがもっとも効率的であるといえる。そのようなコミュニケーション観に基づくならば、コミュニケーションが円滑になればなるほどコミュニケーションが不要になるということにもなる。しかし、私たちがめざしたい社会はそういったものなのであろうか。何かの引っ掛かりがあったり、うまく伝わらないことがあったり、よくわからないことがあったりするからこそ、ことばがもとめられるわけである。そういう意味で、円滑化や効率化とことば・コミュニケーションというのは相性がよくないともいえる。H社の平田さんが「業務上の問題が発生しそうだったら、通訳を雇うとかで対応します。それは会社が業務としてやるべきことで、外国人の責任ではない」と言っていたように、効率的にコミュニケーションの課題を解決し、業務の効率化をはかるのであれば、日本語教育ではない取り組みが重要になるといえる。今後の就労の日本語教育でもとめられるのは、ことばやコミュニケーション、そしてその教育が効率化とは相性が悪いということを踏まえ、そこにこそ価値を見いだしていくことであろう。それは、人と人がかかわりをもっていくこと、人々のつながりを作り出すこと、そのために「用事がなくてもわざわざ話す」「用を足すことを目的とするのではなく、ことばを通して自分を語り相手を知る」というようなことに価値を見いだしていくことが必要である。

4-2. 共生と日本語

　外国人に対する日本語教育と社会統合の関係は、日本語ができることで安定した職に就き収入が確保され社会統合につながると議論されていた[8]（樋口2021など）。しかし永吉編（2021）の調査では、日本社会において、社会経済的統合を実感している外国人でも、社会統合や心理的統合の実感は十分ではないとされている。社会経済的統合が重要であることは論を俟たないが、永吉編（2021）の調査結果を踏まえるのであれば、社会統合や心理的統合をどのように実現していくかが共生社会の実現にとって重要なことがわかる。ことばの教育を通して多様な人々の対話的な関係を作るということが、社会統合、心理的統合を実現していくことになるだろう。日本語教育が担うべきは、まさにこの部分である。

　共生社会の実現に日本語教育が資するためには、社会関係資本という観点から日本語教育を考えるべきである。それは就労現場のコミュニケーションを関係性の観点からとらえなおすこととも重なる。就労のための日本語教育は人的資本の観点から考えられることが多い。これは、教育の成果に関して、とくに経済学的な見方をする際の基本的な視点である。一方で、共生社会を考える際のことばの役割は、社会において人のつながりができたり、相互の信頼感が醸成されたりするという社会関係資本の見方も含めて考えることが重要である。社会関係資本から日本語教育を考えるということは、外国人と日本人相互に関係することであり、日本語教育を外国人だけの問題にすることなく、マジョリティ側の変革をも含んだ概念として位置づけることができる（塩原2011）。パットナムによると、社会関係資本には結束型（bonding）と橋渡し型（bridging）のものがあり、結束型はたとえば同国人ネットワークのような「いつものつながり」であり、橋渡し型は外部コミュニティとの接点をもつものであるとされている（Putnam 2001）。ラオさんの生活は結束型の社会関係資本によって支えられているが、橋渡し型の社会関係資本が十分ではなく、日本語社会と実質的に分断が起きている。

　ことばによって人々のつながりができることは、相互理解の促進にもつながる。Allport（1954）の接触仮説では、集団間の接触により偏見が低減する際の四つの条件が示されている。その四つの条件とは1）接触する両集団が

平等であること、2) 両集団が共通の目標をもっていること、3) 両集団に協力関係があること、4)「権威」に認められた接触であること、である。接触仮説については、その後、様々な理論的発展があるが[9]、接触仮説に関するメタ分析研究の結果などからも、このAllportの四条件は概ね妥当だといわれている（Pettigrew & Tropp 2006）。このことから、職場での様々な接触によって相互理解を深めることができるといえる。そしてその際、多様な背景をもつ社員・従業員の共通言語は、おそらく日本語が中心になるだろう。日本語は、業務を円滑に進めるというよりも、むしろ対話的な関係性を構築するために重要な役割を果たすのである。

　また、人々のつながりの先に、よりよい生活がありそうだという見通しを示すことが学習のモティベーションにもつながるだろう。そのためには、未来像が見通せるような外国人受け入れ政策が必須であるが、残念ながら、今の日本には包括的な政策もビジョンもない（神吉 2020, 2021）。外国人労働者は、相変わらず、労働力としてとらえられ、業務を円滑に進めるためだけに日本語教育の必要性が語られようとしている。2021 年には、「日本語教育の参照枠（報告）」が発表され、日本語教育を行うにあたり、CEFR をベースにしたレベルを目標レベルとして掲げ、can-do statements による学習の管理と評価を行うことが示された（文化審議会国語分科会 2021）。しかし、包括的政策がないなかで日本語教育だけが切り離されてしまうと can-do を達成するという非常に狭い範囲でことばの機能や役割をとらえてしまい、極めて道具主義的・同化主義的な日本語教育・日本語学習を広げてしまう危うさがある。そして、そのような日本語教育をいくらがんばっても、共生社会の実現には近づかない。現状の就労の日本語教育を根本から見なおし、人々の対話的な関係性の構築とその先の共生社会の実現をめざす必要がある。就労の日本語教育の一つの目的とされることが多い業務の効率化については、人の配置やテクノロジーの活用も含め、受け入れ側が責任を持って取り組むべき点が多い。職場の多様な課題を外国人の「業務の日本語」問題のみにすりかえ、受け入れ側が変わろうとしないのであれば、課題の本質的な解決はいつまで経っても進まず、働きに来る外国人もいなくなるのではないだろうか。

5．今後の世界とことばの教育

　張さんのインタビュー中に以下のような発言があった。

──実習生の人たちは日本語できるの？
　　モンゴル人とはこんなにことば通じないんだって思いました。私もす
　ごい簡単な日本語でしゃべろうとしているのに、こんなに通じないん
　だって。ベトナム人は何を言っても「はいわかりました」って言うから、
　それはそれで困るんですけど。

　何を言っても「はいわかりました」という返事と態度のよい外国人を育て
ることが、就労者に対する日本語教育の目的となってしまっていることを端
的に表している。メールの書き方、あいさつの仕方、ホウレンソウといわれ
る独特の慣習、そして就職活動という若者の貴重な時間と労力を割いて企業
に「採用していただく」ための仕組みなど、本来見直されていくべき社会的
規範や慣習を鵜呑みにし、多くの有能な外国人をそれに従うように仕向けて
いく。このようなことが就労のための日本語教育の現場で、「将来本人が困
るから」という「善意」によって今まで繰り返されており、今後も繰り返さ
れるおそれがある。日本語教育者は、教育とはなにか、ことばとはなにか、
そして人々がことばを学ぶ先にどんな社会を描いていくのかということを改
めて真摯に考えなければならない。
　ことばは人が生きていくうえでなくてはならないものであり、ことばの教
育は非常に重要である。そしてことばの本質は、目の前のやりとりを円滑に
行うことではなく、その人がその人らしく考え、自分らしさを表現し、相互
理解を生み出し、社会的現実を構成していくところにある。しかしそのこと
ばが「日本語」にカテゴリー化されることで、とたんにイデオロギーや規範
が付与され、正しい日本語や「日本では……」という言説に絡め取られてし
まう。日本語教育に対する注目が高まる今こそ、ことばの教育とは何かを問
いつづけ、対話的で開かれた社会の実現に日本語教育はどのように寄与でき
るのか、今、まさに日本語教育にかかわる人たちの見識と立ち位置が問われ

ているといえるだろう。

謝　辞

　本研究はJSPS科研費JP19K00720、JP22KK0033の助成を受けたものである。

注

1) 総合的対応策は「外国人材」が対象であるが、ロードマップは「外国人」と表記されている。日本政府は移民受け入れを明言していないが、このような資料の名称からも、実質的な移民政策としてこれら取り組みを進めようとしていることが推測される。ただし、移民として受け入れることを明言しないことが、様々な制度の不整合につながっているのも事実である。
2) 厳密にいうと文化庁が事務局となっている専門家会議の報告だが、実質的には政府方針と考えられるため、ここでは「政府」と記述している。
3) 一般的に日本語学校と呼ばれる教育機関のことで、法務省の審査に合格し告示校として認められたら、そこに在籍する外国人は在留資格「留学」を取得することができる。ただし、日本語学校でも法務省告示校ではないところもある。
4) 2007年から経済産業省・文部科学省の共管で実施されたアジア人財資金構想事業が嚆矢である。当該事業は当時の民主党政権によるいわゆる「事業仕分け」で廃止となったが、その後も文部科学省事業として、留学生就職促進プログラム等の後継事業が行われている。
5) 2008年より開始された経済連携協定（EPA）による看護師・介護福祉士候補者の受け入れがきっかけとなった。
6) 前職は就職活動でいわゆる「有名企業」に分類される企業であったが、張さんは、現在の仕事のほうが、自身の仕事上の裁量、給与、働きやすさ、能力の発揮（自分しかできない仕事があること）など様々な点で優れており、以前よりも仕事に満足しているとのことである。本旨からは外れるためこれ以上詳細な議論はしないが、日本の有名企業が外国人社員からかならずしも評価されていないことがわかる。そして、筆者の知る限り、このような感覚をもっている元留学生は少なくない。
7) シンさんもラオさんと同じくインド人ムスリムで調査時には来日7年であった。日本語はできない。
8) 残念ながら、日本語教育研究や日本語教育政策研究ではこの議論自体が行われていない。
9) 接触仮説の理論的発展と日本語教育のあり方の関連については森山（2023）を参照のこと。

参考文献

神吉宇一（2020）「国内における地域日本語教育の制度設計——日本語教育の推進に関する法律の成立を踏まえた課題」『異文化間教育』52, 1-17.

神吉宇一（2021）「共生社会を実現するための日本語教育とは」『社会言語科学』24(1), 21-36.

塩原良和（2011）「越境的社会関係資本の創出のための外国人住民支援——社会的包摂としての多文化共生に向けた試論」『法學研究——法律・政治・社会』Vol.84, No.2, 279-305.

永吉希久子編（2021）『日本の移民統合——全国調査から見る現況と障壁』明石書店

樋口直人（2021）「労働——人材への投資なき政策の愚」高谷幸編『移民政策とは何か——日本の現実から考える』人文書院, 23-39.

文化審議会国語分科会（2021）「日本語教育の参照枠（報告）」https://www.bunka.go.jp/seisaku/bunkashingikai/kokugo/hokoku/pdf/93476801_01.pdf〈2023.12.03 アクセス〉

森山新（2023）「日韓がともに生きるためのシティズンシップを育む——対話・交流型授業実践を通して」佐藤慎司・神吉宇一・奥野由紀子・三輪聖編『ことばの教育と平和——争い・隔たり・不公正を乗り越えるための理論と実践』明石書店, 265-303.

Allport, G. W.（1954）*The Nature of Prejudice.* Addison-Wesley［＝原谷達夫・野村昭訳（1968）『偏見の心理』培風館］

Granovetter, M. S.（1973）The strength of weak ties, *American Journal of Sociology*, 78, 1360-1380.

Pettigrew, T .F. & Tropp, L. R.（2006）A meta-analytic test of intergroup contact theory, *Journal of Personality and Social Psychology*, 90(5), 751–783.

Putnam, R. D.（2001）*Bowling Alone: The Collapse and Revival of American Community*, Touchstone Books by Simon & Schuster［＝柴内康文訳（2006）『孤独なボウリング——米国コミュニティの崩壊と再生』柏書房］

第6章 就労現場で学ぶべきは「介護の日本語」なのか

技能実習生にとってのことばと学習

小川美香

1. 外国人介護人材をめぐる背景

1-1. 介護の技能実習生と他の在留資格

　はじめに、筆者は経済連携協定に基づく介護福祉士候補者（以下、「EPA候補者」）の受け入れ開始以来、介護現場で就労する外国にルーツをもつ人々に焦点をあてて、日本語教育のあり方を追究してきた。近年、外国人介護人材の受け入れは急速に拡大され、2017年9月に在留資格「介護」が新設、同年11月に技能実習制度に介護職種が追加、2019年には特定技能1号が加わった。受け入れ実績について、EPA候補者は2022年度までに7037人が来日[1]、在留資格「介護」は2022年6月末時点5339人[2]、技能実習生は2022年6月末時点1万5011人[3]、特定技能1号は2022年12月末時点1万6081人[4]となり、資格や国籍の多様化に伴って日本語教育の議論も進んできた。

　しかし、「外国人介護人材」と一括りに論じることが本質的な課題を見え難くもしている（小川2022a）。たとえば、EPA候補者は施設で就労・研修をしながら介護福祉士資格の取得をめざすことを受け入れの目的に掲げており、外国人介護人材を対象とする日本語教育はかれらを中心に議論されてきた。一方、技能実習生は技能の移転を目的とする制度下で就労し、資格取得は直接的にめざされるものではない。ただし取得すれば在留資格「介護」への変更、すなわち永住が可能になるため日本での長期就労を見据えて資格取得の学習支援が積極的に行われている。その支援が当事者のどのような声に基づいて展開されているのか、その過程でかれらがどのように葛藤し、変化していくのか等の詳細は明らかにされないまま、国家試験に合格させることが課題であるかのように論じられると、結果として本来の課題が霞んでしまう。そこで、本章は介護の技能実習生（以下、「介護の実習生」）に焦点をあてて、かれらを受け入れている就労現場の実情を前提に当事者の声に基づく、現場に根ざした日本語を「ことば」と表記し、介護の実習生にとってのことばと学習、その必要性を論じる。

1-2. 「介護の日本語」と道具主義的な視点

　○○の日本語とは、専門にかかわる用語や表現を中心に専門知識の一部を

も含む用語で、「介護の日本語」のみならず「経済／自然科学／ビジネス（の）日本語」等と広く用いられる。「介護の日本語」に関していえば、専門用語、介護場面での語彙や声かけ表現、認知症等に関する基本的な専門知識、利用者の生活に関する知識、コミュニケーションスキル等も含み、研究や教材が対象としているものによって定義は異なる。たとえば、日本介護福祉士会による『介護の日本語』[5]は、技能実習生を対象に就労現場で期待される語彙や表現を習得するための教材だが、語彙267語と声かけ表現18フレーズで構成されている。また、在留資格にかかわらず幅広く介護職をめざす外国人のための日本語教材『はじめて学ぶ介護の日本語』シリーズ3巻[6]は、「基本のことば」1500語、法律・制度や業務で必要な知識等の39項目からなる「基本の知識」、「生活知識とコミュニケーション」という構成である。これらの量的な差は、当面の就労と資格取得という目的の相違が要因だと考え得るが、そもそも就労現場でもとめられることばの教育は、特定の語彙や表現からなるルーティン化された「介護の日本語」なのだろうか。

　加えて、介護の日本語教育では専門知識やスキル等の内容は専門家、言語は日本語教師というように切り離されて扱われる傾向がある（森岡ほか2015）。切り離された言語は、時に現場と前提が異なるまま「介護の日本語」とされ、実習生が業務を円滑に遂行するために学ぶべきものとして道具主義的な視点で語られる。就労前の教育にその視点がある程度必要とされることに異論はない。しかし、実際の就労場面ではことばがより広義にとらえられ、コミュニケーションに重きが置かれている。筆者は複数の施設でフィールドワークを行い、「日本の介護って『傾聴姿勢』っていわれるじゃないですか」「コミュニケーションはメッセージを受け取る力と伝える力と双方向、でも受信の力ってけっこう見落としがちで」等と「聴く[7]」ことを重要視する声を多く聞いてきた。翻って、真嶋編（2021）は技能実習生への日本語教育を多面的かつ複眼的に論じ、今後の課題として当事者の声を「聴く」ことをあげている。そうであるなら、私たち日本語教育関係者は「聴く」力がもとめられる介護の実習生の声を十分に聴けておらず、「介護の日本語」を教えようとする前にかれらの声に基づいて、介護の実習生にとってのことばと学習について再考しなければならないだろう。

ゆえに本章は、受け入れ現場の人々に寄り添い、当事者の声に耳を傾け、現場に根ざしたことばと学びに目を向ける。介護の実習生受け入れ現場との実践（以下、「本実践」）で得られた声に基づいて外国人が学ぶべき、外国人に教授すべき「介護の日本語」という狭義の教育論からの脱却を試み、介護の実習生にとってのことばがもつ機能や役割、ことばの学習の意味をも論じていく。ただし、本章は一貫して、介護の実習生が就労を開始したあとの現場における日本語教育を対象とした議論である点には留意されたい。つまり、技能実習生の受け入れにあたって送り出し機関や監理団体に義務づけられた入国前・入国後の講習における日本語教育は本章の対象ではない。

2.　介護の実習生受け入れ現場の文脈と実践

2-1.　介護における傾聴および受容と共感

　介護現場における「聴く」を前提にすると、傾聴および受容と共感がキー・コンセプトとなる。それらの本質的な理解をもとめ、臨床心理学者カール・ロジャーズのカウンセリング理論に遡ることにする。ロジャーズは、カウンセラーの態度にかかわる「中核三条件（一致・無条件の積極的関心・共感的理解）」やクライエント中心療法を提唱し、グループ、コミュニティ、教育、多文化理解等の実践としてもパーソンセンタード・アプローチを発展させている（坂中 2017）。そのアプローチは認知症の代表的ケアメソッドの一つ、パーソンセンタードケアにも継承されている（キットウッド 2005）。

　ロジャーズは「中核三条件」を備えて聴くことを「積極的傾聴」と呼んでいるが、「積極的傾聴」は相手を尊重する態度の表明でもあり、聴き手の主体的な働きかけが話し手をより深く理解することにつながる。また、一般的に受容と呼ばれる概念にあたる「中核三条件」の「無条件の積極的関心」は「クライエントの体験しているあらゆる面を、カウンセラーの枠組みから否定、肯定せずに、なんの条件もなく、一貫してそのまま暖かく受け止めてゆく**態度**であり、クライエントをかけがえのない一人の個人としてありのままのその人を尊重し、心の底から大切にする**態度**であって、単なる**スキル**や**技法**ではない（坂中 2015：7、太字は原文ママ）」。加えて、「共感的理解」とは、

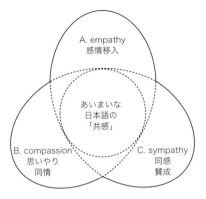

A. empathy
感情移入

あいまいな
日本語の
「共感」

B. compassion
思いやり
同情

C. sympathy
同感
賛成

図6-1　あいまいな日本語の共感

（近田 2015：23）

単に話し手の「話の内容contents」についての理解でなく、「内容にまつわるその人の感じ方feelings about contents」を感じ取り、理解しようとすること（永野 2015）で、多様な水準の気持ちを感じ取り、話し手がそれに気づいているかにも共感しながら寄り添うなら、非常に高度かつ個別性もかかわる（森川 2015）。近田（2015：23）はあいまいな日本語の共感について整理し、カウンセリングの共感はA. empathyで日常用語の共感はC. sympathyであるため（図6-1参照）、カウンセリングの共感を説明する際は、同感・賛成、同情とは異なる旨を説明する必要があるという。本章は、これらの点に留意し、聴き手への配慮やうなずき、笑い、あいづち等による言語を伴わない応答の姿勢についても相手を尊重する態度として注視する。

2-2.　本実践への協力施設と参加者

　筆者は2020年9月に、介護の実習生受け入れ現場と協働で参加型アクションリサーチ（Participatory Action Research：以下、「PAR」）を開始した。PARではコロナ禍における就労現場の文脈を前提に、介護の実習生と日本人職員、監理団体の担当職員、日本語教師の四者を利害関係者（以下、「ステークホルダー」）として主体的、対話的に深く学びあう日本語教育を志向し、1か月に2回オンラインの場で「日本語×介護ワークショップ（以下、「ワークショップ」）」を行った。本実践は、その過程で派生したフォトボイスの活動

表 6-1　PARへの主な参加者のプロフィール（実践開始時）

所属	参加者名	国籍	性別・年齢	職種・役職	勤務歴	PAR参加
つばめえん	イカさん	インドネシア	女性・25歳	介護・実習生	2年目	20回
	プティさん	インドネシア	女性・26歳	介護・実習生	2年目	20回
	花岡さん	日本	男性・44歳	施設長	13年目	12回
	長尾さん	日本	男性・45歳	総務主任	13年目	3回
	中里さん	日本	男性・32歳	介護副主任	12年目	7回
	田代さん	日本	男性・40歳	介護支援専門員	7年目	4回
すずめえん	リナさん	インドネシア	女性・23歳	介護・実習生	2年目	17回
	デウィさん	インドネシア	女性・20歳	介護・実習生	2年目	17回
	エカさん	インドネシア	女性・23歳	介護・実習生	2年目	18回
	アミさん	インドネシア	女性・20歳	介護・実習生	2年目	18回
	山内さん	日本	男性・43歳	施設長	6年目	11回
	持田さん	日本	女性・47歳	介護主任	6年目	14回
	瀬川さん	日本	女性・49歳	生活指導員	5年目	5回
監理団体	宮本さん	日本	女性・30歳	実習生担当	5年目	32回

を指す。協力施設は東日本のY市内にある特別養護老人ホーム2施設「つばめえん」と「すずめえん」（共に仮名）で、参加者（全員仮名）のプロフィールは表6-1のとおりである。

2-3.　ワークショップとフォトボイスの概要

　ワークショップは、1回60〜90分で「つばめえん」20回、「すずめえん」18回、最終回のみ2施設合同で行った。初回に「日本語でよりよい介護」をめざすことを共有し、毎回関係性を深めるコミュニケーション・ワークやフォトボイスを行った。「つばめえん」の第18回ワークショップの流れを例として図6-2に示す。

図6-2　「日本語×介護ワークショップ」の流れの一例

フォトボイスとは、参加者が撮影した写真（フォト）とその写真に関する
語り（ボイス）からなる作品を通じて当事者の声を社会に訴え、問題解決の
ためのアクションを促す参加型アクションリサーチ（武田 2014）である。本
来は当事者が一定のテーマで写真を撮って語りを付け、グループで討議する
ことによって課題を共有し、解決策を発見するという方法であるが、本実践
ではコロナ禍での実現可能性と個別の目的に考慮して援用した。データは、
フォトボイスの録画と逐語録、フィールドノート、事後アンケート等である。
まず録画データの逐語録を作成して繰り返し現れる事象にコードを付し、次
にフィールドノート、事後アンケートと照合しながら複数のコードをまとめ
て概念化した。

3. 介護の実習生受け入れ現場における当事者の声

　分析の過程では、当事者の声からエンパワーメントの概念が鍵として浮か
びあがった。エンパワーメントとは元来中世封建社会の力関係のなかで用い
られた法律用語で、1960 年代のアメリカ公民権運動の頃から被抑圧者によ
る社会変革と結びついて政治的概念およびパワーの再配分に注目した関係性
の概念とされ、現在もその意味で論じられることが多い。しかし、1980 年
代以降、経営学や教育学等の領域では、個人のモティベーションの向上やア
イデンティティの育成といった内面的な文脈でとらえる概念ともなり、政治
的な要素は薄れている（鈴木 2010）。本章は、後者の文脈でエンパワーメン
トをとらえることにする。

3-I.　傾聴および受容と共感による相互行為の集合体
　この概念は、「個人の経験」「他者による傾聴」「聴き手の姿勢・反応」「文
化や慣習の再認識・興味」「多様性への気づき」等のコードから生成された。
たとえば「つばめえん」のイカさんによるフォトボイスにその実相が顕著に
表れており、表 6-2 に再現する。
　冒頭でイカさんは「イスラムの本はコーランというんで」と聴き手に背景
知識がない可能性に配慮している。また、例示や自己開示を加えながら写真

表 6-2　イカさんによるフォトボイスの逐語録（一部）

発話者	内容　※網掛けはイカさんの発話	コード
イカさん	この写真は、私日本に行く前に、イスラム教、何というか、イスラムの学校で教えたりしました。コーランの、イスラムの本はコーランというんで、コーランの読み方を子どもたちに教えたりしました。このクラスは一番下の子たちで、たとえば、日本の字としてはたぶんひらがな、まずは一番簡単な字を覚えたりしたんで、この子たちはカードで字を覚える方法です、覚え方です。まぁ、子どもたちは本当に可愛いなんですけど、子どもがいっぱいに集まっていろいろやって、おもしろい時あるし、我慢が、自分の心を、何だっけ、我慢できるように、私たちそういう行うことをやりました。たとえば、子どもたちはいろいろ、やってることはいろいろじゃないですか、いい子もあるし、あまりいい子じゃない子もいるで、我慢できるように子どもたちを教えました。	個人の経験 多様性への気づき
筆者	先生の話をよく聞いたり勉強したりできるように、教育かな。	他者による傾聴
イカさん	あぁ、そうですね、教育。私はそういう仕事が好きで、やりがいある仕事がしたいと思っています。日本に行きたい時もいろいろ仕事があって、最初は工場かなと思ったんですけど、その時は介護の仕事は初めてで、あ、介護はいいかなと思っています。人間をするのは難しいなんですけど、他の人と仕事をするのは他の人のやってること、言ったことは学べますから、それはいいかなと思います。	自己覚知
筆者	（語りについて確認しながら）子どもが夢中で学んでいる姿は素敵だなぁって。でも、（写真の一人を指して）君はどうした？って思って、君は何をしているんだい？って。	聴き手の姿勢・反応
イカさん	ほんとはこれは一番いい子（大笑）実際いい子は、女の子だけじゃないですかね、男の子は何でも自由で遊んだりしますから、男のほうが。女の子のほうが先生のこと聞いてるじゃないかな、日本もそうですか？	自文化の再認識 異文化への興味

と経験について語り、聴き手はうなずき、笑い、あいづちで応じている。宮本さんと田代さんが「介護も教育も向いているんだなぁ」と納得する姿には、日頃のありのままを受け止めて大切にする態度もうかがえ、イカさんの語りは、そのような発言や振る舞いに促進、触発されて構築され、初対面の参加者[8]に「表情のある写真で、イカさんの人柄がわかった」と事後アンケートで評価されている。

3-2.　聴き手からエンパワーされて再構築される自文化

　これは「国や地域の文化」「組織がかかわる経験」「聴き手に促される気づき」「経験のとらえなおし／語りなおし」「他者によるエンパワーメント」等

表6-2（続き）

発話者	内容　※網掛けはイカさんの発話	コード
筆者	私はそう思ってるんですけど、どうですか、日本人のみなさん。	聴き手の姿勢・反応
参加者 筆者	（笑いながら大きくうなずき、対話） 子どもってそれでいいのかもしれませんね（笑）	他者による傾聴
イカさん	そうですね、その写真は、私は生徒たちに、日本としてはひらがなの「は」の字、「は」のカードを開けてください、持ってくださいって。何ですけど、調べたり子いるし、遊んだり子いるし、しゃべったり子もいるんですね（大笑）だから（大笑）	多様性への気づき
筆者	みなさん、どなたからでも、コメントをお願いします。	聴き手の姿勢・反応
宮本さん	さっきイカさんもちょっと言ってましたけど、年齢は違うけど人をお世話すること、人とかかわることが好きっていうことで向いてるんだろうなぁって。イカさんに合うんだろうなぁって思いました、どちらも介護も教育も向いているんだなぁって。	他者による傾聴
田代さん	ちょっと似ちゃうんですけれど、人を教えるのってやっぱり人をそれぞれ見なきゃいけないことだと思うんですよね。それは介護も似たようなところがあって、そういった意味で向いているのかもなって。さっきの意見と合わせて思いました。	他者による傾聴
筆者	日頃のお仕事を見ててもそう思われますか、田代さん。	聴き手の姿勢・反応
田代さん イカさん	（声を揃えて）そうですね（笑いながら大きくうなずく）	他者による傾聴 自己覚知
プティさん	子どもの世話は楽しみ、楽しそう、自分の子じゃないから（笑）	聴き手の姿勢・反応
参加者	（笑いながら大きくうなずき、経験談から対話）	聴き手の姿勢・反応

のコードから導かれた概念である。データからは聴き手に受容、共感されることで自文化をとらえなおし、語りなおしてエンパワーされていく介護の実習生の姿が浮かびあがった。個人のモティベーションやアイデンティティの育成をめぐる内面的な文脈でエンパワーメントをとらえる時、自文化への認識が変容する過程は重要だと思われる。以下に、この概念を顕著に支える二つのデータを引用する。一つ目は、「すずめえん」の第13回ワークショップで全員が楽しかった活動に選んだアミさんのフォトボイスである。アミさんは、幼い女の子が二人、赤い衣装を着て並ぶ写真について次のように説明した。

その写真は、私は座っていない、立っている人です。その写真は、私が4歳の時写真で、うーん、インドネシアの独立記念日であるので、その日は8月17日に撮ったものです。通常、学校の子どもたちは黒の服を着て、祭りを開催します。その時、私はダンサーのドレスを着ていました。でも、私の友達は、医者とか警察とか教師などで着ていました。

　その後のやりとりから、3歳年上の従姉妹とインドネシア北部のスマトラ地域の伝統衣装を着て踊りを披露した際に、母親に撮ってもらった写真であることがわかった。この写真をメンバーと共有しようと思った理由を問われると、アミさんは「困りました、どの写真か。私にとってその写真は初めて、ダンサーのドレスを着ています。私は踊ることが大好きだから（笑）、初めてお母さんといっしょにその服を着ましたから」と応じ、結婚式等の公式の場で見られる伝統的な踊りの衣装だと説明した。聴き手は写真が表示された瞬間、声を揃えて「可愛い！」と言い、「小さいの時、可愛い（大笑）」「大きくなったら、こわい？（大笑）」「ぜひ今度踊ってください」とコメントしあったり、「女の子っていいですね」「うちは厳しい娘に成長しました」等と育児談義に発展させたりしていた。アミさんは、事後アンケートで一番楽しかった活動にフォトボイスを選び「syukuri dan hargailah masa lalumu membuatmu belajar untuk lebih menghargai masa depanmu（過去に感謝することで、将来をより大切にすることを学べました）」[9] とその理由を記している。

　二つ目は、「つばめえん」のプティさんによるフォトボイスである。プティさんの写真には、ジャージやポロシャツ姿の女性10人が、笑顔で肩を組んで並んで写っていた。全員アルミ皿を持ち、白い粉まみれであるのが印象的で、プティさんは以下のように説明した。

　（笑）これはこの間、独立記念日の日です。入国前研修の時は、私たち実習生はやります、緑のマスクはリナさんです、二人の間これはデウィです。私、写真撮ります（笑）みんな今日本にいます。福井県、埼玉、東京、山口（中略）愛媛県、みんな元気と思います、時々電話します。

110

（中略：インドネシアの独立記念日と日本の建国記念日をめぐる対話）コンテストみたい、いろいろなコンテストがあります。たとえば、天ぷら食べると誰が早い、とか、オイルをつけて木登り、とか。これは、小さい皿みたい、粉を入れてこう（両手で皿を持ち、頭の上から後ろに送るジェスチャー）後ろにやって誰が一番多いですか、って。一番多いのは勝ちます。

　この説明は、実習生による日本の記念日に関する質問や、日本人による「後ろの人にだんだん渡していくんですね」「日本でもボール送ったりは、ありますよね。粉の中に落っこちるとか」等の発言を受け、活発なやりとりで補完されながら参加者の理解に至っている。プティさんは写真を選んだ理由について「なんかこれが入国前研修一番楽しみかと思います。この他はだいたい勉強、勉強、勉強だから（大笑）楽しいイベントです」と述べた。宮本さんは「プティも言ってましたけど、普段勉強ばかりだったでしょうから、ちゃんと楽しむ日があってよかったなと。みんなも今頃、がんばってるといいですね」とコメントし、事後アンケートに「来日前の写真が見られて、施設の方々にはプティさんの新鮮な一面が見せられてよかったと思う」と記している。このようにアミさんもプティさんも、聴き手が積極的に傾聴することでエンパワーされながら、独立記念日をめぐる自文化を再構築していった。それは、話し手と聴き手双方の主体的な行動が対話を促し、参加者全員がワークショップを共構築する過程でもあった。
　再構築された自文化は、就労現場の日常をも変えていく。アミさんの事例では介護主任の持田さんが「インドネシアの写真を見せていただき、実習生にこれからはインドネシアのことを利用者にお話ししていただくなどして、いろんな方とのコミュニケーションにつなげていけたらと思いました」と、プティさんの事例では介護支援専門員の田代さんが「インドネシアの風習を知ることができたため、今後自分のコミュニケーションに役立つと思う」と、各々事後アンケートに記している。施設の主要な職務を担う参加者に新たな認識をもたらしたことからは、個人にとどまらない、組織全体の変容につながる可能性がある。たとえば、持田さんの「利用者にお話ししていただくなどして、いろんな方とのコミュニケーションにつなげていけたら」というこ

とばからは、二つの未来が見えてくる。第一に施設内の日常のコミュニケーションがより豊かになるすぐそこの未来で、第二に施設外の「いろんな方とのコミュニケーション」への展開である。両施設長は実習生と地域との交流が課題だと述べているが、持田さんによる新たな認識はその課題へのアクションにつながるかもしれない。また、利用者家族へと伝播し、別の行動が生まれるかもしれない。それは介護の実習生と持田さんの力だけでなく、「すずめえん」全体の組織力が醸成される過程だともいえる。

　加えて、再構築された自文化は話し手と聴き手双方のアイデンティティに影響を与えていると考えられる。アミさんは日本語力に自信がもてないが、持田さんはPARのなかで傾聴・受容・共感を意識した振り返りができている実習生として評価している[10]。彼女がフォトボイスを通じて自文化をとらえなおし、過去への感謝と将来についての学びに関することばを事後アンケートに記したことには、ことばとアイデンティティの交渉もうかがえる。Bucholtz & Hall（2005）は、アイデンティティを「自己と他者の社会的位置づけ」として、言語を用いた相互行為においてアイデンティティを分析する際には、五つの原理（emergence、positionality、indexicality、relationality、partialness）を踏まえるべきだという。これらの原理を踏まえ、ワークショップの場で創発した自文化の変容について、ことばとアイデンティティから検討することは、今後の課題である。

4.　総合的な考察

　介護の「聴く」を前提に当事者の声を分析した結果、介護の実習生にとってのことばとは、聴き手による発言や振る舞いと作用しあい、エンパワーされながら再構築される自文化の表象だった。さらに、かれらのことばは参加者間の相互行為や対話を促し、学び合いを誘発していた。フォトボイスには、当事者の声を<u>社会</u>に訴え、問題解決のための行動を促す効果がある。<u>社会</u>を実践コミュニティとすれば、本実践でも話し手は聴き手に訴え、全員の参加が促され、人間関係を深め、コミュニティの資源を明らかにした。さらに、本章を通じて当事者の声を届けられるなら、行動はコミュニティの外へと広

がり、社会の問題解決にもつながるだろう。フォトボイスの成果は概ね政策への行動、アドボカシー活動、コミュニティのニーズや資源の理解、参加者のエンパワーメント等に結びつけられ（Catalani & Minkler 2010）、武田（2014）も外国にルーツをもつ子どもたちへの学習支援からフォトボイスによるエンパワーメントの可能性について報告している。ここでは、それらを知見にことばがもつ機能や役割、その学習の意味を問いなおしてみる。

　本実践の事後アンケートには「皆さんの考え方を知り、それぞれの優しさや芯の強さ、思いはすべて強みだと思う」「写真をシェアことにて他人の重要の思いを知ってた」「外国の方とのコミュニケーションスキルが少しではありますが身に付いたと思います」等の声がある。この「強さ、強み」「他人の重要な思い」「コミュニケーションスキル」等は参加者のことばから創発された。つまり、ことばは業務を円滑に行う目的で外国人が学ぶべきものとしてのみ存在し、機能していたわけではない。ことばは、「強み」や「思い」を伝えて個人を理解する手段となり、相互行為の集合体となった。またことばは、「聴き手からエンパワーされて再構築される自文化」そのものであり、語ることによって他者も自己もエンパワーされ、一人ひとりが次の行動を起こした。行動は対話を促し、参加者のコミュニケーションスキルをも育んだ。言い換えれば、介護の実習生にとってのことばは、他者理解や自己理解を深め、個人をエンパワーする機能や役割を有していた。

　では、そのことばの学習を現場の人々はどのように意味づけているのだろうか。ワークショップ最終回の事後アンケートには、「お互いがそれぞれ一人の人間として、理解しあえる時間になったと思う」という声がある。本実践を含むPAR全体について振り返った記述だが、ことばの学習すなわち相互理解の営みだととらえていることがわかる。加えて、最終回でPARを通した各々の変容について対話的な活動を行っている際、「すずめえん」の施設長、山内さんは次のように語っている。

　　　常々思っていたのが、介護現場ってルーティン業務になっちゃって、新たな用語を覚えなくてもなんとなく現場がまわせるようになってる感があったのかなって思っていて。日本語という第三者の、先生のような

方との話のなかで共感とか、受容とか大切な部分が、実は現場ではなか
　　なか教えきれてなかったのかな、ということもあって。その辺をこの
　　ワークショップを通して学んで、現場に戻ってまた深まる、そういうい
　　い機会になったと思います。

　この語りから、ことばの学習が介護知識やスキルの向上に貢献したことも
わかる。参加者はワークショップを通じて、他者に働きかけ反応して関係性
を育み、他者・自己・相互理解のみならず、専門性をも深めた。このように
とらえなおすと、2011年に初めて介護現場で行ったフィールドワークにつ
いて、筆者こそ日本語を道具主義的にとらえていたと省察させられる。あれ
から10年余り、介護現場の人々と対話し、行動する過程でことばと学習へ
のまなざしは変容を続けてきた。本章では、介護の実習生にとってのことば
がエンパワーメントの機能を有し、その学習が他者・自己・相互理解と専門
学習の営みであることを示したが、データによれば、それは日本人職員、監
理団体職員、日本語教師にとって、と視点を変えても同じである。要するに、
就労現場におけることばとその学習は、外国人が業務を遂行するために必要
なものとしてあるのではなく、現場を担う人々が個々のモティベーションの
向上やアイデンティティの育成といった内面的な文脈で力を獲得するための
働きかけとなり、外国人・日本人双方の日常に相互理解と専門学習の機会を
提供する。
　以上のようなことばがもつ機能や役割、ことばの学習の意味を知見に就労
現場において「介護の実習生に日本語学習は本当に必要か」という問いに答
えてみたい。日本語学習が介護の実習生のみを対象にルーティン化された
「介護の日本語」を学ぶことを指すのなら答えはNoであり、現場で学ぶべ
きは道具主義的な語彙や表現ではない。本実践に基づく介護現場に根ざした
ことばと学びは、「介護の日本語」を教えようとすることで明らかになった
わけではないからである。反面、日本語学習とは介護の実習生と日本人のス
テークホルダーが協働で日本語を用いてモティベーションやアイデンティ
ティ等の内なる力を獲得するために相互に作用しあうことであるととらえな
おせば、答えはYesとなるだろう。

5. ことばの教育の未来

　おわりに、未来へ向けたことばの教育は、エンパワーメントの実践であるべきことを主張する。それは、教師に自らの「聴く」姿勢を問い直しつづける態度をもとめる実践となる。教師が技能に照らし、習熟度を見極めて何を、どのように教育すべきか計画し、実践する重要性はいうまでもない。データには語彙や表現の拡大、運用力の向上も確認され、それは「実習生のことばの能力の向上が確認できている」「新しいことばを勉強して仕事で使えた」「ことばの成長が介護の知識や技術の成長につながっている」等、事後アンケートへの記述にも示される。しかし、言語学的教育に力点を置くあまり日本語教育本来の教育的必然性と可能性が制限されている（山西 2013）のだとすれば、私たち日本語教師は、今、ここで介護の「聴く」を前提にすべきだろう。就労現場におけることばの教育には、参加者が安心して耳を傾け、受け容れ、共感しあえる場を共に創り、発展させていく実践がもとめられている。

　本実践では、参加者が他者を尊重、受容し、同意や同情でなく共感し、積極的に傾聴する主体的なパフォーマンスも顕著だった。日本語教育においてパフォーマンスは、言語運用力を指して評価の文脈で語られるが、介護における「聴く」を前提にした時には異なるとらえ方が必要となる。その際、言語が社会的行為として、社会的行為を通してのみ存在するととらえる言語人類学の視点（Ahearn 2011）が参考になると思われる。言語人類学においてパフォーマンスとは、発話をとらえる枠組みで「ことばの意味は『ことばそれ自体』でもなく『話し手だけ』にあるのでもなく、実際のコミュニケーションの『今、ここ』の場において聞き手や聴衆とともに構築されていく」（井出・砂川・山口 2019：121）という。ならば、その叡智からことばがもつ機能や役割、ことばの学習の意味を多元的かつ創造的に読み解いていくことで、ことばの教育の未来はより拓かれるのではないだろうか。この問いを現場の人々と共に探究し、よりよい日本語教育を志向してことばの教育を創りつづけていきたい。

注

1) 国際厚生事業団「EPA に基づく外国人看護師・介護福祉士候補者受入れの枠組み、手続き等について」https://jicwels.or.jp/wp-content/uploads/2023/02/2024 年度受入れ説明会_第 1 部.pdf〈2023 年 6 月 18 日アクセス〉

2) 法務省「国籍・地域別　在留資格（在留目的）別　総在留外国人」http://www.moj.go.jp/isa/policies/statistics/toukei_ichiran_touroku.html〈2023 年 6 月 18 日アクセス〉

3) 法務省，出入国在留管理庁「技能実習制度及び特定技能制度の在り方に関する有識者会議（第 1 回）資料」https://www.moj.go.jp/isa/content/001385692.pdf〈2023 年 6 月 18 日アクセス〉

4) 法務省「特定技能在留外国人数（令和 4 年 12 月末現在）概要版」https://www.moj.go.jp/isa/content/001389884.pdf〈2023 年 6 月 18 日アクセス〉

5) https://www.jaccw.or.jp/wp-content/uploads/2020/09/kaigono_nihongo_1110.pdf

6) 資格取得、検定合格、就職等をサポートする専門学校の講師陣が開発した教材。

7) 本実践の文脈では、介護現場が重要視する「聴く」を用い、その他は原典に準じて、「聞く」と「聴く」を使い分けることにする。

8) この回には、筆者の元同僚が初めて参加した。

9) 筆者は日常会話程度のインドネシア語を理解し、事後アンケートには日本語とインドネシア語を併記した。

10) 小川（2022b）を参照されたい。そのなかでアミさんは j 氏と記されている。

参考文献

井出里咲子・砂川千穂・山口征孝（2019）『言語人類学への招待──ディスコースから文化を読む』ひつじ書房.

小川美香（2022a）「コロナ禍における介護の技能実習生受入れ現場との学び合い──参加型アクションリサーチによる主体的、対話的な日本語教育実践」『社会言語科学』25(1), 70-85.

小川美香（2022b）「介護の技能実習生による振り返り記録をめぐる課題探究型学習」『言語文化教育研究』第 20 巻, 289-311.

キットウッド, T.（高橋誠一訳）（2005）『認知症のパーソンセンタードケア──新しいケアの文化へ』筒井書房.

坂中正義（2015）「無条件の積極的関心とは」坂中正義・三國牧子・本山智敬（編著）『ロジャーズの中核三条件〈受容：無条件の積極的関心〉』基礎編, 創元社, 4-20.

坂中正義（2017）「パーソンセンタード・アプローチの実践家を育てるための視点と提言──心理臨床家に焦点をあてて」『アカデミア. 人文・自然科学編』第 14 号, 65-90.

鈴木奈穂美（2010）「エンパワーメント概念の潮流と戦略的エンパワーメント政策の弊害」『専修大学人文科学研究所月報』246, 1-13.

武田丈（2014）「フォトボイスによるコミュニティのニーズ把握、アドボカシー活動、そしてエンパワメント」『コミュニティ心理学研究』第 18 巻 1 号, 3-20.

近田輝行（2015）「プロセスとしての共感的理解——インタラクティブ・フォーカシングで身につける」三國牧子・本山智敬・坂中正義（編著）『ロジャーズの中核三条件〈共感的理解〉』発展・実践編, 創元社, 22-30.

永野浩二（2015）「feelingをベースとする共感的理解」三國牧子・本山智敬・坂中正義（編著）『ロジャーズの中核三条件〈共感的理解〉』発展・実践編, 創元社, 41-56.

真嶋潤子（編著）（2021）『技能実習生と日本語教育』大阪大学出版会.

森岡明美・神吉宇一・野々口ちとせ（2015）「日本における内容重視の日本語教育」佐藤慎司・高見智子・神吉宇一・熊谷由理（編）『未来を創ることばの教育をめざして——内容重視の批判的言語教育（Critical Content-Based Instruction）の理論と実践』ココ出版, 37-75.

森川友子（2015）「共感、その個別性」三國牧子・本山智敬・坂中正義（編著）『ロジャーズの中核三条件〈共感的理解〉』発展・実践編, 創元社, 57-67.

山西優二（2013）「エンパワーメントの視点からみた日本語教育——多文化共生に向けて」『日本語教育』155号, 5-19.

Ahearn, L. M.（2011）*Living Language: An Introduction to Linguistic Anthropology.* Hoboken: Wiley-Blackwell.

Bucholtz, M. & Hall, K.（2005）"Identity and interaction: A sociocultural linguistic approach." *Discourse Studies*, 7, 585-614.

Catalani, C. & Minkler, M.（2010）"Photovoice: A review of the literature in health and public health." *Health Education & Behavior*, 37(3), 424-451.

第7章 多文化共生社会にとって地域の日本語は本当に必要か

中川康弘

1．問題の所在と提起

2019 年 6 月、「日本語教育の推進に関する法律」が施行された。この法律を受け、翌年出された「日本語教育の推進に関する施策を総合的かつ効果的に推進するための基本的な方針」（文化庁 2020）には、以下の文言が記されている[1]。

> 外国人等が社会の一員として受け入れられ、社会に参加して<u>共生</u>していくためには、日本語能力を身に付け、<u>日本語により円滑に意思疎通できる</u>ようになることが必要（下線筆者）。

この文言に如実に表れているように、日本語教育支援施策は、外国人を日本語母語話者に近づけ、日本に順応してもらうのが主旨のようである。本人たちの母語習得・保持などには目が向けられていない。これでは、「日本人の無意識の特権意識が表出している」（坂本 2021：21）と指摘されてもやむを得ないと思われる。

多文化共生が、「国籍や民族などの異なる人々が、互いの文化的ちがいを認め合い、対等な関係を築こうとしながら、地域社会の構成員として共に生きていくこと」（総務省 2006）と定義されて久しい。だが、先に記した文化庁（2020）の文言と併読すると、それが「文化的ちがいを認め合い、対等な関係」を築くことと共振しているとは読みにくい。日本語教育推進の施策だから日本語を前面に出すのは当然だとする向きもあるだろう。だが、それをいうなら、「対等な関係」を謳う「共生」との関係をどう説明できるのだろうか。筆者の担当する講義の受講生やゼミ生からも、「多文化」共生なのになぜ日本語なのかといった声をよく聞く[2]。それは至極、真っ当な反応だと思われる。中川（2021）が指摘したように、日本語能力が日本社会の一員として受け入れられ、「共生」していくための必要条件なのだとしたら、それが叶わなければ共生はままならず、社会の一員として受け入れられなくなるという解釈もできてしまう。日本語教育の推進に関する法律の成立以後、政府の文書として「外国人との共生」ということばは用いられても、「多文化

共生」という語が用いられないのは、明らかに何らかの意図があると考えられる。文化庁（2020）で用いられている「共生」も、「多文化」が修飾語になっていない。果たして、日本語により円滑に意思疎通できる「共生」と「多文化共生」は、同一線上にあるものなのだろうか。

2.「共生」と「多文化共生」は、同一線上にあるのか

文部科学省の中教審答申「『令和の日本型学校教育』の構築を目指して 5. 増加する外国人児童生徒等への教育の在り方について」には、次の文言が盛り込まれている。

> 日本人の子供を含め、多様な価値観や文化的背景に触れる機会を生かし、多様性は社会を豊かにするという価値観の醸成やグローバル人材の育成など、異文化理解・多文化共生の考え方に基づく教育に更に取り組むべきである（文部科学省 2021：70、下線筆者）。

学校教育の文脈では「日本人の子供」も念頭に置き、「多様な価値観や文化的背景に触れる機会」の重要性に触れたうえで「多文化共生」を掲げている。ここから、文部科学省と、文化庁の日本語教育推進施策との間には、微妙なずれがあることがわかる。

外国籍児童生徒は、ポルトガル語、中国語、フィリピノ語、スペイン語話者が半数以上を占めていることで知られている。だが日本では小学校からの科目必修化、グローバル人材育成などで英語重視の動きが圧倒的に強く、親から子への母語継承も、日本における当該言語の影響力に加えて、家庭の文化資本、経済資本などに依拠せざるを得ない社会的状況にある。さらに、先述のように日本語教育施策は「円滑に」日本語で意思疎通できることに力に入れているため、母語はおろか、母語の転移や簡略化を含む日本語の変種についての価値にも触れられていない。南浦ほか（2021）は、明治期に国民国家形成の装置として日本語が用いられた歴史に触れつつ、多文化を受け入れる日本が同じ道を歩むならば、「日本語の学習者を社会的包摂という視点か

ら見たときに大きな壁ともなりかねない」（南浦ほか 2021：294）と述べている。なぜならそれには「外国人の存在を考えたときにおきる『正しい日本語を話さない』という感覚や、それができないと共同体の一員として見なされにくいという感覚を引き起こしかねない」（南浦ほか 2021：294）ことが懸念されるからである。

このことを、障害学の視点から考えてみたい。2000 年代以降、障害は、個人モデル（医学モデル）から社会モデルへととらえられるようになった。前者は障害を身体的特徴に帰属させ治療対象とする考え方で、インペアメントと呼ばれるものである。後者は障害を環境との相互行為により生じるものととらえ、ディスアビリティと呼ばれる。だが、当事者研究で知られる熊谷晋一郎は、本来、コミュニケーション障害であるはずの自閉スペクトラム症（ASD）の診断基準が、身体的特徴に見られている状況を指摘し、それを「ディスアビリティのインペアメント化」（國分・熊谷 2020：53）だと述べた。これを地域の日本語教育に適用するとどうか。「円滑に意思疎通できる」か否かは、そもそも相手に左右されるものでもある。たとえ日本語運用に困難さがあっても、その人の日本語能力ばかりが問題なのではなく、相手や環境との相互行為により生じる問題なのだから、やはり社会モデルをとるのが妥当であろう。だが、一連の日本語教育施策は、日本語支援で綴られたテクストに潜む、コミュニケーションを外国人の日本語能力の問題だとする言外の意味に無自覚であり、むしろ障害学におけるかつての個人モデルに回帰しているように思われる。

3.　多文化共生の土壌となる「社会」とは

多文化共生と日本語の関係を考えるにあたり、その土壌となる「社会」とは何かについて触れたい。

世界史上、社会の成り立ちは 17 世紀から 18 世紀にかけてだといわれている。「自然状態」を「万人の万人に対する闘争状態」としたトマス・ホッブス、それを「平和状態」だとし、個人の生命や財産保護を目的にする限りにおいて公権力の必要性を唱えたジョン・ロックなどがその嚆矢とされるが、

ここでは多文化共生「社会」に有効な思想家として、フランスのジャン゠ジャック・ルソーをあげたい。ルソーは『社会契約論』で、市民一人ひとりが、自らの住まう共同体にすべての権利を譲渡することではじめて、自由かつ抑圧のない平等な社会が実現すると説き、それを社会契約の唯一の条項とした[3]。市民が、妥協や譲歩を厭わず、すべての権利を社会に譲り渡すことで「一般意志」が立ちあがり、平等の実現に向かう社会。そこに多文化共生を夢想するとしたら、「権利の譲渡」とは、日本語教育支援施策の下に行われる学習機会の提供のみならず、外国人の日本語運用に対する日本人側の寛容さや言語文化の受容を指す。つまり、外国人にのみ「円滑に意思疎通できる」日本語能力を片務的に課すのではなく、日本人側にも、インターアクション内の誤用の容認や言い換えの配慮などの調整行動を通じて、相手を理解しようと歩み寄る努力、あるいは相手の言語を学ぶことがもとめられるのである。ルソーによれば、すべてを譲り渡す限りにおいて平等が形成されるのが「社会」だからだ。それが、多文化共生と日本語教育を同一線上に位置づける唯一の手立てなのではないだろうか。

　時代は下って 20 世紀。政治哲学者のハンナ・アレントは、「差異distinction」を均一に向かわせるのではなく、一人ひとりがその「差異」を維持したまま、「場所」を等しくもって公共的空間に現れる状態を「平等equality」であるとした（アレント 1994）。このアレントの平等観を多文化共生の議論に適用すれば、「日本語習得」を公共の施策として掲げ、外国人一人ひとりがもつ言語文化的な「差異」を均一に向かわせる、地域の日本語教育支援のあり方を複眼的にとらえることができる。

　今日、文化庁が、「地域日本語教育の体制づくり推進事業」において展開している各現場の成果、そして事業内容に掲げられた三つのインパクトの一つに「日本人が、日本語教育の活動に参加することを通じ、多様な文化への理解が深まり、共生社会の実現につながる」と、日本人側の変容可能性に言及した点は評価できる。だが、令和 5 年度にあてがわれた補助金は、依然として外国人を日本社会の一員として受け入れる社会包摂に念頭が置かれ、「外国人が生活等に必要な日本語能力を身に付けられる」（文化庁 2023）ことが前面に出されたものとなっている。無論、すべての人があらゆる言語を使

用できるわけではなく、日本で社会生活を営むには、日本語を共通語にコミュニケーションをすることが不可欠である。そのために、たとえば、地域社会の共通言語として外国人にミニマムの文法習得を促したり、日本人に日本語の文法や語彙の調整をもとめたりする「やさしい日本語」(庵 2016) の使用は、大きな意味をもつだろう。庵も述べるように、「やさしい日本語」には、日本人側の日本語使用意識を高める役割や、子どもへの支援が将来のタックスペイヤー育成につながるとする主張も説得力をもつからである。

　だが、特定技能制度による労働者の受け入れ促進や、それに付随した就労の日本語教育に急に注目が集まっている現状を考えると、多文化共生の文脈における日本語支援は、日本社会にとっての利益、あるいは経済効率といった、市場社会との親和性によってのみ価値づけられているといえないだろうか。そしてそれは、イノベーションとブランドという未来志向に単純回収されていくことが懸念されるLGBT (新ヶ江 2021) と同様に、今まで外国人や性的少数者などを阻んできた人権意識の低さや、社会的不平等が存在しているという現実を、不可視化させることにもなりかねないだろう。

　こうした点を踏まえ、本章では多文化共生社会にとって日本語は必要なのかという、ともすれば素通りしてしまうこの問いを、改めて提起したい。具体的には、「共生のため」を標榜する日本語とは、どのようなものなのかのヒントを探るべく、地域の日本語ボランティア教室に着目していく。

　なぜ地域の日本語教室なのか。日本語教室のボランティアの多くは、「日本語を教える」ことを支援だとする向きがあるが、外国住民とのかかわりが深まるにつれ、そうした視点だけではとらえきれない葛藤や迷いを抱えるボランティアの姿も見逃してはならないからである。日々の実践を通じたボランティア自身の気づきは、日本語教室という場の課題だけでなく、可能性を感じさせるものでもある。よって次節では、地域の最前線で日本語支援と親子の母語支援に取り組んでいるボランティア教室の支援者の語りに着目する。そして、その調査事例をもとに支援者の考えに分け入ることで、多文化共生社会に向けた日本語教育のあり方を考えるうえでのヒントを探ることを試みる。

4. 調査概要

4-1. 調査協力者

　調査協力者は、教員免許と日本語教育の修士号をもつＡさん（女性）。大学卒業後、青年海外協力隊に日本語教師として参加した。帰国後、関東圏で日本語と母語の両方を大切にする教室を運営し、これまで文化庁の生活者としての外国人のための日本語教育の委嘱事業を受けてきた。支援活動を始めて今年で20年近くになる。月2回、親子の日本語教室を開催し、日本語や母語・母文化に関する活動を行っている。Ａさんは、このほかに日本語支援員として、地元の小中学校の外国籍児童生徒の日本語および教科学習にもかかわっている。

　なお、Ａさんと筆者は、日本語教育研究を通じて知り合った10年来の仲である。よってお互い忌憚なく議論を交わす気の置けない関係にある。日本語偏重の趨勢のなかで、Ａさんはどう活動を意味づけ、学習者とかかわっているのか。そうした思いを抱いたことが、本章執筆の動機にもなっていることを記しておく。

4-2. 調査方法

　2023年2月17日、半構造化インタビューをオンラインで1時間半実施した。数日前、親子への日本語・母語支援活動で感じた疑問や気づきなどのおおまかな内容を、メールを通じて事前質問として送り、当日は、その回答をもとにききとりを行い、分析資料とした。

　調査手続きとして、インタビュー録画や文字化データの確認、使用の可否などについて、Ａさんの承諾を得ていることを記しておく。

5. 調査結果——日本語支援に関する疑問・葛藤

　以下、インタビューデータから、活動を通じて感じた日本語支援に関する疑問、葛藤と、親子との日本語でのやりとりのなかで得られた気づきにかかわる語りを記す。

【Aさんの語り】

語り1　日本語がもたらす母語・母文化への影響
語り2　公的支援とのかかわり方
語り3　「高度外国人材」という用語について
語り4　教室に参加する親子からの気づき
語り5　「対等な関係」の重要性
語り6　Aさんの考える多文化共生

　データは内容に影響を及ぼさない範囲で語句や表現を整理し、着目した箇所に下線を引いている。

　Aさんの教室の常勤スタッフは7名で、いずれも日本語教育について学んだ人たちである。学習者の主な国籍は中国、タイ、ベトナム、フィリピンなどで、随時約15名が参加している。大人向けの日本語教室と、親子を交えた日本語や母語・母文化に関する活動を行っているが、活動のなかでAさんは、学習者の声から、日本語運用の空気がもたらす母語・母文化への影響を感じることがあるという。

語り1

日本語が、日本人の子は経験しないことを外国の子に感じさせている面はあると思います。<u>名前からかわれたとか発音馬鹿にされたとか</u>、涙いっぱい溜めて話しかけてくる子どももいて。あとは大人でも日本語ばかりって迷う方は多くいます。たとえば国際結婚で女性が外国出身の場合、母語で赤ちゃんに話しかけたい、または子ども、連れ子の場合も含めて、母語で話したいと思っても、<u>夫やお姑さんがいい顔をせずオンリー日本語になってしまう</u>。しかもそれが<u>女性も当然だと思っていて</u>。活動を通じて子どもとの会話に母語を取り戻していくということがけっこうありました。もちろん日本語は必要なので、最初は日本語勉強させたい、日本語できないと困るという意向で参加する親子がほとんどです。でもいっしょに活動していくうちに母語って大事だと思うようになって、そうすると日本語ができない母親と距離を置いていた子どもも、母親を

尊敬するようになって、親子関係もよくなっていくんです。

　学習者にとって、日本語能力が学校場面や家庭場面において影響力をもち、アイデンティティや母語使用への葛藤をもたらしている状況があること、そして、教室参加当初は、日本語習得を希望しつつも、活動を通じて母語の大切さに気づき、結果的に親子の絆を深めていく心の変化があることが、Aさんの語りからわかる。

　では、そんな学習者を前に、Aさんは活動のなかで公的な日本語支援の存在をどう感じているだろうか。文化庁（2010）「『生活者としての外国人』に対する日本語教育の標準的なカリキュラム案（以下、カリキュラム案）」について語った箇所を語り2として記す。

語り2

公的支援はもちろんありがたいです。でも、標準的なカリキュラム案は参考に使いますけど、たとえば「病気やけがの時医療機関で治療を受けることができる」とかの活動目標が、<u>外国人の日本語能力だけを想定していておかしいなって思う時もあるんです</u>。コミュニケーションだから話を聞く日本人の態度も関係しますし。だから<u>日本人側のCan doを入れる</u>ように関係者に逆に働きかけることもあります。（中略）私たちが親子の母語にこだわるのも、公的支援とか社会が、日本語一辺倒になりがちだと思っている部分があるからなんです。

　ここでAさんは、「カリキュラム案」に対し、関係者に日本人側のCan doの必要性を促す行動もとることがあると語っている。それは語り2にあるように、同案が外国人にのみCan doを迫る傾向が強いものととらえているからである。

　常に外国人側に立ってインタビューに答えていくAさん。多文化共生全般の話題のなかで、筆者がふと厚生労働省や出入国在留管理庁で用いられる「高度外国人材」という用語に触れると、即座に次のように語った。

語り3

高度外国人材って、専門知識や技術もつ人のビザを優遇する制度とか、グローバル人材とかに関連して出てくることばですよね。制度としてはあってもいいと思いますが、そのことばが好きじゃありません。考えすぎかもしれないけど、<u>高度があるということは低度もある</u>と連想させてしまうから。もし外国人とぜんぜん接点がない人が聞いたらどう思うか。工事現場で働く人とかを見たら、ああ高度じゃないとか思ってしまいませんか。<u>高度人材ってネーミングは多文化共生の真逆をいっている</u>、あまりセンスがよくないことばだなって思います。

　教室で学習者と日々接するなか、日本語支援に対する疑問や葛藤を抱きながらも、Aさん自身は、教室に参加している親子から、様々な気づきを得ている。次の語り4は、おにぎりを作る活動中のエピソードである。

語り4

おにぎりの「中身」と書く時に「中味」と書いた子がいて、むしろこれが正解なんじゃないかと感動した覚えがあります。漢字には意味があると日頃教えていて、「中味」の時はよくぞ考えたってうれしくなって。逆になぜ「中味」じゃないんだろうって考えてしまいました。こういう表現あるよね、言いたいことってそれだよねっていう。<u>誤用の受けとめ方、その時のその人の気持ちを受けとめることがすごく重要なんだ</u>と思います。表現でも、たとえば、お土産ほしいですか、買ってあげますとか言われるけど、言いたいことがあるから言うのであって、悪意があるわけじゃないというのはわかりますよね。自分も英語で同じようなことしていると思うし。相手の気持ち、自分の場合を考えることを通じて、<u>豊かな表現や異なる考え方に気づくこと。そういうのが日本語を通じた多文化共生なのではないか</u>と思います。

　ここに、語句や表現の誤用は相手の思いと別のものだとして肯定的に受けとめようとするAさんの姿勢がうかがえる。そして、やりとりのなかで自

分の言語使用を省察すること、また「豊かな表現」を見いだすことに、多文化共生と日本語を結びつけていた。では、やりとりが生まれる空間の形成に向けて、Ａさんが念頭に置いていることは何か。語り5に記す。

語り5

活動でいえば、ボランティア希望者に多いのが、日本語を教えようっていう意識の強い人。外国人の親も子も日本語がまだできないだけだから、人としての魅力や能力は高いと気づいてもらう機会をたくさん作ります。日本人じゃないとできないタスクはしません。各国語のお話会やワークショップをして、対等な関係で活躍できる機会を作って、その人の立場が逆転するような経験を共有させるんです。場が先生と生徒になってしまうので。そこに参加する人が少しずつ増えていくことで、社会の理解も進んでいくのではないかと思います。

日本語を教えようとするボランティア希望者に「対等な関係」を経験させ、活動を広めることで社会の理解につなげようとするＡさんの意図がうかがえる。では、その先にある多文化共生社会というものを、Ａさんはどう描いているのだろうか。最後にその語りを語り6として記す。

語り6

活動していて、やっぱり圧倒的な豊かさがあるって気づくんです。この親子、すごく素敵なものをもっていて価値がある人たちだなと。だから私は、この人たちがいることで成立する社会のよさを、どう伝えたらいいかって思います。この間も、お正月についての習慣や十二支が異なる話で盛りあがって。その時、知ったり驚いたりして楽しかったんです。それは、経済成長とか、仕事に役立つとか、大きな話にはつながらないものでしょうけど、私にとっては豊かな時間だし、それがもっと社会に広まっていくといいなと思っています。

自らが参加する教室での活動体験自体に、豊かな状態を確認するＡさん。

ここでは、「お正月」の習慣や十二支の違いという視点を提供する外国人の
親子に大きな存在価値を感じるとともに、そこに実用主義的な学びとは離れ
た楽しさを見いだしていた。

6. 考察

　これまでのＡさんのインタビューデータ（語り１～６）を踏まえながら、多
文化共生社会にとっての必要な日本語とは何か、その答えを導き出すことを
探りたい。

　語り１では、「名前からかわれたとか発音馬鹿にされたとか」などと話し
かけてくる子どもや、母語で話すことを「夫やお姑さんがいい顔をせずオン
リー日本語」になることを強いられ、それを「当然だと思って」内面化して
しまう外国出身の女性について語られる。周囲からの日本語運用の要求が、
子どものアイデンティティや親の母語使用、あるいは親から子への母語継承
の大切さを不可視化させている状況を生んでいることがわかる。これは別の
見方をすれば、日本社会において日本語支援だけでは、それをすればするほ
ど、親子の葛藤を助長させてしまうという矛盾した状況を生むおそれがある
ともいえる。

　また、そうした支援状況を「ディスアビリティのインペアメント化」（國
分・熊谷 2020：53）だととらえると、各場面での日本語によるコミュニケー
ションの問題は相互行為に起因するものだともいえるだろう。日本語能力向
上の推進の施策は、決して自己効力感の喪失に陥らせるものであってはなら
ない。活動を通じて母語の重要性に気づき、良好な親子関係の構築へとつな
がっていた学習者の存在が確認されたＡさんの語りから、多文化共生の文
脈における日本語とは、母語保持、伸張を念頭に置きつつ、外国人のみなら
ず、周囲の日本人への理解と合わせて支援するべきものであることの重要性
が導き出される。

　だが、日本語教育の公的支援には、その双方向性、母語への配慮があまり
見えてこない。語り２は、Ａさんが「カリキュラム案」に対する違和感につ
いて語ったものである。Ａさんは、同案の活動目標を「外国人の日本語能力

だけを想定していておかしいなって思う時もある」と述べる。外国人の日本語だけが問題なのではなく、コミュニケーションとはあくまで相互行為で成立するものだととらえているからである。同時に、「日本人側のCan doを入れる」ことを周囲に働きかけることで、多文化共生（総務省 2006）にある「対等な関係」を具現化させようとするAさんの意図が、ここでも確認され、そうした意識が、日本語と親子の母語を同等に大切にする活動の原動力になっていることがわかった。

　なお、コミュニケーションをめぐる片務的な関係が、外国人の親子に自己効力感の喪失をもたらす可能性は、行政用語にも見られる。それが「高度外国人材」である。「高度外国人材」とは、専門的な技術力や知識を有する外国人に出入国管理上の優遇措置を行う在留資格のことである。語り3でAさんは、制度自体には理解を示しつつも「高度があるということは低度もある」と名前に違和感を示し、世間に流通していることを危惧していた。後半にある「高度人材ってネーミングは多文化共生の真逆をいっている」は、地域の最前線で多くの外国人の親子と向き合ってきた実践者の語りとして、極めて重要な指摘だと思われる。

　一方、親子との日本語でのやりとりのなかで得られた気づきについても、興味深く語られている。おにぎりの「中身」を「中味」と書いた子どもから、漢字の意味について気づきを得た様子が語られた語り4がそれである。庵（2016）が日本語非母語話者の日本語を「日本語表現の鏡」（庵 2016：186）と形容した、母語話者の日本語能力を高める機会の好例ではないだろうか。着目したいのは、「誤用の受けとめ方、その時のその人の気持ちを受けとめることがすごく重要」であり「豊かな表現や異なる考え方に気づくこと。そういうのが日本語を通じた多文化共生なのではないか」とするAさんの語りである。なぜなら、たとえ誤用であっても、支援とは訂正や伝えやすさの配慮だけではないということを、この語りは示唆しているからである。

　日本社会で共に生きるためには日本語の習得が必要条件なのだという、諸政策によって作られ、流通していく言説について、前述した。学習者の学習動機が、仮にこうした言説によって生成されたニーズだとしても、教室が日本語支援の場である以上、誤用の訂正や正しい使い方の指導などに注意を払

うことは無論必要だろう。しかし、一方で、支援する側には、そうした表現に日本語の豊かさを見いだし、時に積極的に受けとめ、歓待する態度も、同等に必要ではないだろうか。地域の現場の参考として作成された先の「カリキュラム案」も、日本人に日本語の文法や語彙の調整をもとめ、わかりやすい日本語で伝えることを喚起した「やさしい日本語」も、外国人への配慮を具現化するものとしては、極めて意味のある成果だと思われる。だが、より強調したいのは、ここでＡさんが語っていた、「受けとめる」という姿勢である。これまでの日本語支援は、日本人が外国人に対して日本語をどう支援するかという、いわば「仕手」としての「提供」に、あまりに専心しすぎてきたのではないだろうか。そしてそれが、支援という名の下の、「日本人の無意識の特権意識」（坂本 2021：21）の表れになっているのではないだろうか。一般に「支援」とは、力を添えて助けることを指すが、多文化共生の日本語の文脈で必要なのは、外国人に日本語学習リソースや機会を提供する「与え手」としての支援だけではなく、誤用であれ不自然さが残っている表現であれ、聞き、受けとめるという「受け手」としての支援である。日本人側の「受容態度」への意識も、日本語支援として位置づけること、いわゆる「やさしい耳」をもってはじめて、日本語は「対等な関係」を謳う多文化共生と共振するのではないだろうか。そこで現れる気づきとは、たとえば中川（2021）が記したような、日本語と母語との間にある表現形式の違いに潜むジェンダー規範や言語規範などが考えられる。あるいは、社会情勢に関するとらえ方の違いに思考をめぐらすことも含まれるだろう。そうしたやりとりのなかで現れる大小の気づきにこそ、多文化共生における日本語教育の存在意義を見いだすことができるのだと考える。

　そしてそれは、「対等な関係」がなければ現れない。語り5では、活動を通じてその関係が感じられる機会を意識的に取り入れる様子が語られている。同時に、参加の輪が広がることで、自らの教室活動に社会的意義を見いだしているＡさんの思いも確認された。

　最後に語り6で、多文化共生社会に対するＡさんの考えが語られる。これまで多文化共生は社会を富ますものとして議論され、日本語教育もその俎上で要請されてきた。「富ます」は生産年齢人口減少による外国人の受け入れ

や、日本にとっての利益だとする言説にリンクするものである。ところが、Aさんのそれは「豊かな時間」が共有できる社会であり、「経済成長とか、仕事に役立つとか、大きな話」とは別次元にあるものであった。そしてこの語りは、「多文化共生は何のためにあるのか」という存在論的な問いとして、「市場の論理」でもって議論しがちな、私を含む関係者に再考を促すものになっている。

7. まとめと今後に向けて

　多文化共生社会にとって日本語は必要なのか。必要であるならば、「共生のため」を標榜する日本語とは、どのようなものなのかというのが本章の問いであった。そしてそれは、「やさしい耳」をもった「受容」意識を伴う日本語であるという答えが導き出された。いうまでもなくそうした日本語の運用は、外国人との接触場面に精通する、多くの日本語教師がすでに備えている能力だろう。また、多文化共生社会においては、種々の気づきが見いだせるやりとりのなかに、日本語教育が意義をもつということも示された。栁田（2020）は、日本語母語話者の〈説明〉に対する非母語話者の評価結果を検証し、相手の理解への配慮を示す言語行動や対等な関係性を前提とした振る舞いが評価に影響を与えるとしている。この栁田の知見を踏まえ、教師の役割を考えると、日本語教師は、もはやこれまでのように、日本語非母語話者だけでなく、「受け手」である母語話者への教育も担う必要があることがわかる。そのために、今後は「やさしい耳」と「対等な関係」への意識の涵養に向けた日本語教師研修を充実させるとともに、その知見をそれぞれの実践現場、あるいは生活場面に還元していくことがもとめられるだろう。

　さらに本章では、多文化共生社会には、経済成長や仕事に役立つといった「発展」を志向する社会と、Aさんの考える、外国人の親子とのかかわりのなかで「豊かな時間」を共有する社会があることも示された。一般に、社会の発展といえば前者を指す傾向があるだろう。しかし、いったい社会は何のためにあるのかということを、改めて問いたい。市民がすべての権利を譲り渡すことによって「平等」な社会が成立するとしたルソー、一人ひとりが差

異を維持したまま公共的空間に現れる状態を「平等」だとしたアレント（1994）を踏まえれば、社会とは、あらゆる条件や背景をもった市民が、生命や財産、尊厳を保護されながら、安心かつ安全に生活が営めるようにするためにあるのだということがわかる。社会そのものの存続や発展のために、市民があるのではない。だとしたら、経済成長や生産性のように、ある条件が満たされなければ維持することができず、その規格に合った能力を獲得するように急き立て、それが困難な、もしくは叶えられない者が排除されていくような社会は、その成り立ちから間違っているといえるだろう。

　なお、この「平等」という語について、樋口（2019）は、総務省（2006）の多文化共生の定義が「平等」ではなく「対等」な関係を打ち出す使われ方になっていることを指摘した。そのうえで、多文化共生の実現に向かう「対等」を妨げているのは、「国籍や民族など」ではなく、技能実習生などの「社会経済的地位」であるとしている。「平等」の意味するものを多文化共生から引き離さないようにするためにも、この樋口の指摘は、極めて重要だと思われる。

　いずれにしろ、本章の知見から導き出されたのは、外国人にとっての母語は、「平等」の成立条件としての「差異」だということである。よって、多文化共生を志向する日本語教育や継承語教育は、その必要性を経済成長や生産性にもとめるのではなく、まず何より、この「平等」という概念を基軸に据えなければならない。それが結果的に発展につながっていくのであり、その社会実装に向けての理論の構築が、学としての日本語教育には課されているのだと考える。

　日本語支援の強化の流れが、母語使用や継承語教育の妨げになってはならない。それは言語知識や運用面だけでなく、自己効力感や親子関係への影響も同様である。以上のことから、多文化共生社会の日本語も、それらを保障するものとして位置づけられなければならないのだということが、関係者の語りから浮き彫りになったといえる。

　差異ある者同士のやりとりの先にある豊かさ、受容を掲げた日本語教育の方法論、母語継承の意義など、多文化共生をめぐる問いについて、引き続き検討することを課題としたい。

注

1) 同方針の第 2 章にある「2.国民の理解と関心の増進」参照。
2) こうした疑問は、文化審議会国語分科会による「日本語教育の参照枠　報告」において CEFR を参考にしながらも、その理念である複言語・複文化主義を「多様な日本語使用を尊重する」と、日本語使用に限定してしまっている点からも指摘できる。
3) 古典ゆえに多くの訳本があるが、本稿では平岡編（1978）所収の井上幸治訳を参照した。

参考文献

アレント，H.（1994）『人間の条件』志水速雄訳，ちくま学芸文庫.

庵功雄（2016）『やさしい日本語 —— 多文化共生社会へ』岩波新書.

國分功一郎・熊谷晋一郎（2020）『〈責任〉の生成 —— 中動態と当事者研究』新曜社.

坂本光代（2021）「外国語教育へのアプローチ —— 排他的包括的言語政策の相克」坂本光代編『多様性を再考する —— マジョリティに向けた多文化教育』上智大学出版, 13-33.

新ヶ江章友（2021）「ダイバーシティ推進と LGBT/SOGI のゆくえ —— 市場化される社会運動」岩渕功一編著『多様性との対話 —— ダイバーシティ推進が見えなくするもの』青弓社, 36-58.

総務省（2006）「多文化共生の推進に関する研究会報告書 地域における多文化共生の推進に向けて」https://www.soumu.go.jp/menu_seisaku/chiho/02gyosei05_03000060.html,〈2023 年 2 月 6 日アクセス〉

中川康弘（2021）「日本語教育の諸政策にある『共生』に関する一考察」『Journal CAJLE』22, カナダ日本語教育振興会, 1-23.

樋口直人（2019）「多文化共生 —— 政策理念たりうるのか」高谷幸編『移民政策とは何か —— 日本の現実から考える』人文書院, 129-144.

平岡昇編（1978）「社会契約論」井上幸治訳『ルソー 世界の名著 36』中央公論社, 225-357.

文化庁（2010）「『生活者としての外国人』に対する日本語教育の標準的なカリキュラム案について」https://www.bunka.go.jp/seisaku/kokugo_nihongo/kyoiku/nihongo_curriculum/pdf/curriculum_ver09.pdf〈2023 年 2 月 22 日アクセス〉

文化庁（2020）「日本語教育の推進に関する施策を総合的かつ効果的に推進するための基本的な方針」https://www.bunka.go.jp/seisaku/bunka_gyosei/shokan_horei/other/suishin_houritsu/92327601.html〈2023 年 2 月 6 日アクセス〉

文化庁（2023）「地域日本語教育の総合的な体制づくり推進事業」https://www.bunka.go.jp/seisaku/kokugo_nihongo/kyoiku/chiikinihongokyoiku/〈2023 年 2 月 6 日アクセス〉

南浦涼介・中川祐治・三代純平・石井英真（2021）「民主化のエージェントとしての日本語教育 —— 国家公認化の中で『国家と日本語』の結びつきを解きほぐせるか」『教育学年報』第 12 号, 世織書房, 283-304.

文部科学省（2021）「『令和の日本型学校教育』の構築を目指して（答申）」https://www.mext.go.jp/b_menu/shingi/chukyo/chukyo3/079/sonota/1412985_00002.htm〈2023年2月6日アクセス〉

栁田直美（2020）「非母語話者は母語話者の〈説明〉をとのように評価するか──評価に影響を与える観点と言語行動の分析」『日本語教育』177号, 日本語教育学会, 17-30.

第8章 「夜間中学＝日本語学校化」は本当か

夜間中学という場での学びを探る

高橋朋子

1. はじめに

　「夜間中学」と聞いて、その学校の様子や生徒たちが学習している状況を
すぐに思い浮かべることができる人は、どのぐらいいるだろうか。おそらく、
ほとんどの人が「えっ、中学に夜間のクラスなんてあったっけ」「聞いたこ
とがない」「それってどこにあるの」「定時制の高校のこと？」などと思うだ
ろう。

　「日本語教育の推進に関する法律」制定等に伴う日本語教育政策の充実と
いう観点から、夜間中学設置を拡充し、日本語を学ぶ場として強化させよう
という動きがある。にもかかわらず、夜間中学の実態はあまり知られていな
い。そこで、本章では、「夜間中学の日本語学校化」という、過去から現在
まで連綿と続いている実態と課題について論じる。夜間中学に通う外国人生
徒に焦点をあて、夜間中学の日本語学校化というのはどのような状態なのか、
教員はどう感じているのか、生徒たちはなぜ夜間中学に通っているのか、そ
こで何を学んでいるのか、どのような学校世界を生きているのかを探りたい。
そして夜間中学の存在の意義と可能性について、外国人へのことばの教育と
いう視点から考察したいと考える。

2. 夜間中学の歴史と現状

　夜間中学ができた経緯とその変遷を概観する。江口（2021）は、夜間中学
は社会の変化を反映しているとし、設置校数と在籍生徒の内訳や数から、成
立期、縮小期、再編期、グローバル化期、制度化期に分けている。1947年
に義務教育制度が整備されたにもかかわらず、戦後の混乱、貧困、差別など
が原因で、学校に通えない生徒に教育の場を提供しようと教師が始めたとい
う。その後、高度経済成長により産業構造が変化した時期を縮小期（1955～
66）と呼ぶ。日本社会は「学校化社会」となり、経済競争や学力競争が加速
した。不就学、長期欠席児童の減少に伴い、夜間中学の数も30校未満にま
で激減した。

　続く再編期（1967～73）には、夜間中学は救済や恩恵の対象ではなく、「教

育を受ける権利」、生存権の保障の対象として認識されるようになり、学校数が増加していく。拡充多様化期（1974～89）には、1965年の日韓条約や1972年の日中国交回復などにより、オールドカマーと呼ばれる人々——韓国・中国・南米各国からの引揚者、帰国者が日本語教育をもとめて入学している。とくに大阪、神戸では高年齢層で未就学の在日朝鮮人生徒が大部分を占め、東大阪市立長栄中学校では生徒の90％が外国人であったという（田中1978）。その後のグローバル化期（1998～2013）には、出入国管理ならびに難民認定法の改定等を受け、ニューカマーと呼ばれる人々——日系人労働者や国際結婚、技能実習生の来日が激増し、夜間中学に入学している。しかし、学校数は35校と停滞状態が続いている。こうして見ると、夜間中学は、とくに関西地方において、日本語教育を行う場として長くその役割を果たしていたといえよう。

　それ以降、現在まで続く制度化期（2014～）には、夜間中学設置の増加を進める国の動きが見られる。夜間中学等義務教育拡充議員連盟が政府に働きかけ、「義務教育の段階における普通教育に相当する教育の機会の確保等に関する法律」が制定（2016年）された。それを受け、「すべての都道府県に少なくとも一つの夜間中学」を方針（文部科学省2021）として、「夜中を全国に！プロジェクト」（文部科学省2022）が立ちあがり、夜間中学の設置拡充推進運動が進められている。つまり、学ぶ場をもとめた多様な学習者が通う夜間中学という存在が広く認識されるようになってきたといえる。

　現在の夜間中学の現状を見てみよう。図8-1にあるように、夜間中学に通う生徒のうち、80％が外国籍の生徒である。また、2022年4月現在の中学の設置数を見ると、図8-2にあるように、15都道府県に40校となっている。昼間の中学の設置数は9371校（文部科学省2020）であり、それと比較するとその少なさは顕著である。設置数が少ないうえに、その多くが大都市に集中しているため、認知度が低いのも当然だろう。しかし、前述した40校のうち4校は2019年以降に開校されており、数年内に開校が予定されているところも多い。九州地方では「2024年以降に新設ラッシュ」がくるという（添田2023）。一言でいうなら、夜間中学が急増しているのである。この急激な増加の背景には何があるのだろうか。

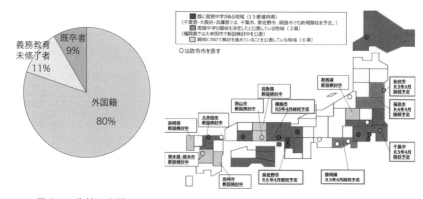

図8-1　生徒の内訳
（文科省 2022 を参考に筆者作成）

図 8-2　夜間中学の設置状況（2022 年）
（文科省（2022）「夜間中学設置応援資料　夜中を全国に！」より抜粋）

そこには、夜間中学が既存の教育制度に居場所を見つけられない人の受け皿になりつづけているという現実がある。当初の目的であった義務教育を受けられない生徒への学力保障という枠を超え、年齢や国籍、学習目的を問わず、学びたい人が学べる教育の機会均等の場へと転換しつづけているのである。今、夜間中学には義務教育未修了者、不就学者、形式卒業者[1]、様々な理由で不登校だったもの、外国人など多くの生徒が集う。夜間中学は、その時々の社会がそのまま映し出されているといっても過言ではない。

3. 「夜間中学＝日本語学校化」なのか

外国籍の生徒が夜間中学に通う目的は、「日本語が話せるようになるため」「日本語の読み書きができるようになるため」である。なぜ日本語習得を必要とする外国人が急増したのであろうか。その点について、榎井（2022）は次のように考察している。1990 年代から 2000 年代にかけての外国人生徒激増の背景には、少子高齢化が深刻になった日本社会の底辺を支える安価で不安定な労働力（「外国人材」）の導入があげられる。日本政府はかれらを移民として認めていないため、日本語などの教育機会が保障されていない。そのため、かれらが学ぶ場は夜間中学しかないというのである。

しかし、夜間中学で教える教師は、中学校の教科の教員免許をもつ教諭で

あり、日本語教師ではない。最近の夜間中学をめぐる多くの論争の一つとして、外国人への日本語教育は誰が担うべきなのか、というものがある。そもそも夜間中学は義務教育課程を保障する場であり、日本語教育を行う場ではないため、夜間中学における日本語教育について論じたものは多くない。数少ない先行研究のなかで、宮崎（2020）は、専門的に日本語教育を学んだことのない「非専門家」が日本語教育を担当することで、教科指導との境界があいまいになり、日本語指導への意識のずれが生じていると指摘している。日本語の授業を観察し分析を行った奥元（2020）も、現在の夜間中学の日本語教育は日本語を学びたい外国人生徒のニーズを満たしていないと日本語教育の質の向上を課題にあげている。いずれも日本語教育関係者と夜間中学の連携が必要であるという立場である。

　一方、高橋（2022）は、授業観察を通して、夜間中学の授業は日本語や教科を超え、生きる力を育む場になっていることを明らかにしている。授業を担当する教員は日本語の専門家ではないが、日本語の文法にこだわらず、生徒が自分を発信する場とした授業が展開されている。このような授業を支えるのは、夜間中学の教師たちがもつ「夜間中学は日本語学校ではない」というビリーフである。高橋（2020）からエピソードを一つ見てみよう。それは、インドネシア人の小学生が日本語で書いたという作文「おかあさんがいなくてさびしい」を読んだあと、自分たちの「さびしい」「うれしい」「楽しい」経験を共有するという授業である。そこで10代のネパール人生徒が次のような日記を書いた。

　　　　そして　9がつの　さいご　それは　たのしみにだよ
　　　　なぜ　ゆと　きゅろ　もらえる　にち　です

　教師は「助詞をなおすとか、文法を訂正するとか、そんなんどうでもいいんですわ。これがかれが伝えたいものすべてやと思うんです。いちいちなおす必要ない」と言い、月末の給料を楽しみに待つかれの喜びをクラスの生徒全員で受け止めていた。かれがなぜ日本に来たのか、なぜ夜間中学に通っているのか、社会とそこに生きる個の関係性のなかで人を見ることの重要性を

説く。「日本語ができたらそれですべてうまくいくんか。言語だけできても
あかんのです。人とのつながりのなかで生きていかんと」ということばには、
夜間中学が日本語教育のみを行う学校ではなく、日本語を通して社会で生き
る力を育んでいる誇りがあるといえよう。

　ただ、文部科学省（2021）による「夜間中学の設置促進や指導体制の充実
などに活用できる国の支援策」の一つに「日本語教室と連携した日本語指導
についても支援できます」という文言があるように、外国人生徒が8割を占
める学校でいかに日本語を指導していくかが教員の大きな負担になっている
ことは想像に難くない。この支援では、夜間中学に入る前に地域の日本語教
室などで初期レベルの日本語指導を受けることができるとある。今後、日本
語学習を必要とする夜間中学の設置を促進し、現場の負担を軽減するにはこ
のようなシステムも必要だと考えられている。

4．F夜間中学と授業実践

　さて、大阪にある夜間中学をのぞいてみよう。大阪には、11校の夜間中
学があり、都道府県のなかでもっとも多い。そこには、多くの在日韓国・朝
鮮人と共に歩んできた人権教育が根底にあり、「学びたいもの」には学ぶ機
会を提供するという当たり前のことを着実に積み重ねてきた歴史がある。こ
こでは、F夜間中学を取り上げたい。

　「F中学校夜間学級要覧」（2022）によると、F夜間中学は、1972年に開設
されたC中学校夜間学級が前身となっている。生徒数の増減により、分室や
統合を数度繰り返し、市の夜間学級再編整備計画によって、2019年に新校
舎が建設されて今に至っている。教員数は15名（昼と兼務の校長1名、教頭1
名、教諭2名、再任用教諭1名、常勤講師3名、非常勤講師5名、日本語指導支援員1
名、スクールサポートスタッフ1名）である。在籍生徒数は71名、学級数は4ク
ラス（1年1クラス、2年1クラス、3年2クラス）である。生徒の年齢と国籍の
内訳を見てみよう。

　図8-3を見るとわかるように、この中学には、あらゆる年齢層の生徒が在
籍している。とくに、20代、30代の若者が多く、39歳までの生徒が全体の

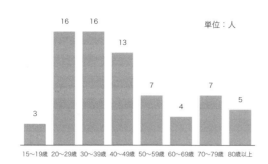

単位：人

図 8-3　年齢別：F夜間中学の生徒数

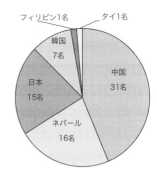

フィリピン1名　　　タイ1名
韓国 7名
日本 15名
中国 31名
ネパール 16名

図 8-4　国籍別：F夜間中学の
　　　　　生徒数

半数を占めている。また、10 代と 20 代のほとんどが家族滞在[2]の在留資格をもつネパール人である。高齢の生徒には、中国からの引揚者、残留孤児や在日韓国・朝鮮人の女性が多い。日本人には、不登校だった生徒や形式卒業者もいる。

　生徒の国籍は、図 8-4 からわかるように、中国とネパールで 3 分の 2 を占めている。とくに、ネパールはこの数年で急増しており、今後もますます増加すると見込まれている。外国人生徒の割合は 78.9％となっており、全国平均の 81％とほぼ変わらない。夜間中学に通う目的を見ると、日本人は「学力を身につける」や「中学卒業の資格を手に入れる」というのが多く、外国人では「日本語の力をつけたい」「読み書きができるようになりたい」「中学卒業の資格を手に入れたい」といったものが多い。

　校時程表は表 8-1、筆者が観察を行った B 組の時間割は表 8-2 に示した。時間割は、行事開催などにより週によって多少異なっているため、本稿では2022 年 10 月 1 週のものを示す。年間の主な行事予定には、昼間の中学と同じように、入学式、始業式、修了式や卒業式が行われるほか、夜間中学ならではの行事 ―― 夜間中学校まつりやよみかきまつり、近隣の夜間中学が集まって行う連合運動会や作品展、国際交流フェスティバルなど ―― がある。

　夜間中学の日本語教育について、「夜間中学で外国人に日本語を教えることについてどう思われますか」と教頭先生にたずねたことがある。「学びたい人は誰でも受け入れて広く学ぶ場を提供したい」「外国人だからといって

表8-1　校時程表

校　時	時　間
0	17:10 ～ 17:30
1	17:30 ～ 18:10
2	18:20 ～ 19:00
補食給食	19:00 ～ 19:15
3	19:15 ～ 19:55
4	20:05 ～ 20:45

表8-2　B組の時間割

曜日	月	火	水	木	金
1	現社 （総合）	生活 （家庭科）	現社 （総合）	地歴 （社会）	表現 （国語）
2	表現 （習字）	生活 （数学）	表現 （国語）	表現 （英語）	生活 （理科）
3	表現 （国語）	表現 （国語）	音楽	表現 （国語）	美術
4	地歴 （社会）	民文 （総合）	表現 （国語）	表現 （国語）	表現 （国語）

注：上段は本中学での科目名称、下段は指導要領上の科目名称

入学を断ることはない」という回答であった。国籍や年齢、学歴に関係なく、すべての人を受け入れるという教育の機会均等の方針が貫かれている。一方、みなが同じであるという公平性は「みなが同じ教育」を受けることを意味する。外国人だからといって日本語教育だけを受けるのではなく、夜間中学の教育をすべて受けるのである。したがって、時間割に「日本語」はない。「表現」と名付けられた科目のなかで自分を表現する方法を学ぶ。それは習字であり、英語であり、そして日本語なのである。日本語は自分を表現するツールの一つにすぎない。ただ、日本人生徒を対象とした授業と同じような授業運営は難しいことから、これまでの蓄積や研修、教材の共有など教員間で連携し、生徒の日本語のレベルに合わせて「日本語を教えるのではなく、日本語で教える」という視点で授業を進めているということであった。これは、外国にルーツをもつ児童生徒への日本語・母語教育で注目されている「内容重視のアプローチ（Content-Based Approach）」[3]（Lyster 2018）と同じだといえよう。

　教頭先生は「夜中に来る人は、みな何かを学びたくてやってくる。外国人の場合はそれが日本語だと思う」としたうえで、「それだけじゃない。行事などを通して学ぶことも多いし、人の語りを聞いてその思いにぐっとくる時もある。若い人は高校に進学する人もいるけど、（この中学に）来た時はそうじゃなかった（＝高校進学を目的としていなかった）。でも周りの人が受験するとなったら、『えっそんな世界あるの、じゃあ私も』となる。共に人生を開拓する場とでもいうんでしょうか」（2023年1月25日インタビュー）と、単に日

144

本語のみを勉強したり、あるいは教科を学習したり、卒業証書をもらったりするのではなく、自尊心を育て、自律的に社会を切り拓く場として学校をとらえているということであった。

4-1. F夜間中学の授業実践

　筆者は、2022年9月から、週に1回、F夜間中学に通い、授業に参加したり、生徒や先生と話したりといった参与観察を続けている。観察したB組の表現（日本語）を担当する王先生は、留学生として2006年に来日し、いくつかの大学や大学院で学んだ後、教員免許を取得した中国人の教師である。F夜間中学に着任して2年目の王先生は、夜間中学で外国人に日本語を教えることについて次のように語っている。

　　　夜間中学では、市販の教材は使わず、生徒にあった教材を教師が作成するという歴史があります。私も教材は「みんなの日本語」などを参考に手づくりしています。が、教科書から離れたら何でもいい、というわけではない。何かを暗記したりするのではなく、基礎をしっかり勉強して、どういう場面でそのことばを使うのかを知ってほしい。だから、イラストを見たり、かれらの生活に合わせた場面を設定して会話の練習をしたりしています。
　　　　　　　　　　　　　　　　　　　　　　　　　（2022年11月2日）

　では、B組の授業を見てみよう。筆者はB組の後方の席に座り、授業を観察したり、机間巡視をして生徒のプリントを見たり、教えたりしながら参加していた。毎回必ず出席するのは、ネパール人のリジャルさん、ウッタムさん、カジャルさん、中国人のジャンさんの4名、遅刻してくるのはネパール人のアラフィットさん、時々やってくる中国人のチョウさんである。

①仕事に直結する日本語
　この日の授業は、デパートのイラストと写真を使った「〜階」の言い方である。

王先生　　：読んでください。これは……
　　ウッタム：いちかい、にかい。

　いつもは、スライドを見て、発音を確認し、プリントに書くという作業を
するのだが、この日は生徒たちが何度も「先生、もいっかい」を繰り返す。
いっかい、にかい、さんかい、とかれらの声が教室に輪唱のようにひびいて
いる。カジャルさんが、「先生、B1は下いっかい？」と聞くと、王先生が
「地下いっかいですよ」と答える。また輪唱が続く。「ちかいっかい、ちか
いっかい、ちかいっかい。先生じゃあ、ちかにかい？」「はい、そうです」
生徒たちは、建物の階の読み方に相当こだわっているように見え、授業後に
生徒にたずねてみた。ネパール人生徒は、全員ホテルで働いていたのである。
かなり高層のホテルで働いている生徒もいた。階数の発音にこだわる理由は
ここにあった。まさしく仕事に直結していたのである。

②漢字は書けなくてもいい
　毎回、最初の10分で漢字の練習をしている。漢字の書き順を教えるソフ
トを使用してテレビのモニターに文字を写しながら、読み方やその漢字を
使った単語を読んでいく。次回、それらの漢字の読みのミニテストをする。
テストは、黒板に一人ずつ書かせることもあれば、プリントに書かせること
もある。王先生は、板書された文字を丁寧に採点している。この日の1問目
は「学校」の読み方が問われていた。

　　ウッタム：がっこ、がっこう、がっこう（と言いながら、「がつこう」と書
　　　　　　　く）
　　「が」の右上の濁点の上にもう一つ濁点がついていた。
　　王先生　　：ウッタムさん、あれ、点が三つありますよ。
　　ウッタム：あー、ごめんね、先生（といって一つ消す）
　　イショリ：つが大きい。
　　ウッタム：あー（「つ」を消して「っ」に書きなおす）
　　王先生　　：いいですね、字もきれいに書いています。

146

ウッタム：ありがと、先生。がっこう。　　　　　（2022年10月26日）

　生徒たちの書いたものを先生が一人でなおすというより、みなでいっしょに考えながら、正答を見つけていくプロセスが重要視されている。授業後に、「漢字の読みはなかなか難しいですね、生徒にとって」とコメントをしたところ、先生は「漢字はもちろん正しく書けたらいいですけど、書けなくてもいい。ただ読めたらいい。生活や仕事場で困らないように」と漢字教育に対する考え方を示していた。テストで満点をとるための漢字学習ではない。安全にかつ正確に仕事をし、安心して日常を送るための漢字なのである。それは生徒たちにも明確に伝えられている。
　冬休み明けの1月最初の授業の日、漢字の復習から始まったが、生徒の多くは前年の最後の日に勉強した漢字を忘れていた。

　　ウッタム：先生、漢字、全部忘れた。
　　王先生　：冬休みが長かったですね。
　　イショリ：漢字、いっぱい　忘れた。
　　王先生　：プリントを見て書いていいですよ。漢字は書けなくてもいい
　　　　　　　けど、見てわからないといけないです。はい、また今日から勉強して
　　　　　　　ください。　　　　　　　　　　　　　　（2023年1月11日）

③多言語が飛び交う教室
　授業では、多言語が飛び交う。この日の授業は、あいさつや定型表現の学習である。

　　王先生　：こんばんは。
　　生徒たち：こんばんは。
　　王先生　：（ジャンさんを見て）中国語は？
　　ジャン　：晩上好。
　　生徒たち：ワンシャンハオ。
　　王先生　：（ネパールの生徒たちを見て）ネパール語は？

カジャル：नमस्ते
生徒たち：ナマステ。 　　　　　　　　　　　　　　　（2022 年 10 月 12 日）

王先生　　：（美術館のスライドを見せて）これ、何かわかりますか。
カジャル：あー、わからない。
ウッタム：びじゅつかんね。
王先生　　：（ジャンさんに向かって）美术馆。
ジャン　　：美术馆。
ネパールの生徒たち：メイスーグアン。 　　　　　　　（2023 年 2 月 1 日）

　「こんにちは」や「ありがとう」などコミュニケーションでよく使われる
基本的な表現は、生徒の国のことばをそれぞれ紹介し、発音することが多い。
日本語では小さな声で発音するイショリさんも、ネパール語の時は声が大き
くてとても元気だ。先生がネパール語で発音し、「あっていますか」と聞く
と、生徒から「おー！」「いいです」「うまいですねえ」と拍手が起こる。や
はり自国の言語が授業中に出ると自尊心も高まるようだ。
　王先生の授業では、各国語が頻繁に効果的に使用されていた。次の例を見
てみよう。この日の授業は、「ここ・あそこ・そこ」である。下図のような
絵カードがモニターに映し出される。直接教授法（日本語を使用して日本語を
教える）を利用する日本語学校では、ジェスチャー、レアリア（実物教材）を
使用して、こ・そ・あの概念を教えることが多い。
　しかし、ここにいる生徒たちは毎日必ず定時に登校できるという保証がな
い。そのため、「今日学べることは今日のうちに」生徒がもっている言語資
源を最大に利用し、効率よく学ぶ工夫がされている。ネパール語と英語と日
本語を併記し、その概念を理解するやいなや会話練習にはいるのである。絵

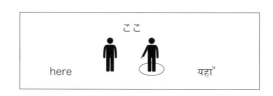

カードを出した瞬間、ネパール人は「यहाँ」と言い、すぐに対話に参加する。

　　王先生　　：ここはどこですか。
　　イショリ：ここは教室です。
　　王先生　　：ウッタムさん、そこは。
　　ウッタム：はい。そこは、え、事務室です。
　　王先生　　：（ジャンさんに）ここはどこ？
　　ジャン　　：ここ、ここ、中学。
　　イショリ：中学です。　　　　　　　　　　　　　　　　（2022年12月21日）

　このクラスの生徒たちの日本語能力の差は決して小さくない。60歳を超え、一人暮らしをしているジャンさんは、この中学に通って6年目[4]になる。が、「あまり上達しないんですよね」と先生が言うとおり、歩みは遅い。しかし、楽しそうにやってきては、自分の席に座り、ネパールの生徒と話をしたり、一人でぶつぶつ発音しながら、プリントに何か書き込んだりしている。その間に授業はどんどん進み、置いていかれることも多い。先生は、時折ちらっとジャンさんの顔を見ると「一起练习吧。现在开始时间的练习．（はい、いっしょに練習しましょう。今、時間の言い方を練習していますよ）」と中国語で問いかけ、そのたびにジャンさんは前を向く。ネパール人の学習速度を落とさないように端的に説明すると、またすぐに授業のメインストリームに戻る。
　長期欠席のあとは、ジャンさんだけ別のプリントを渡されることもある。答えがわからない時は、プリントを見てもいい。配付されるプリントの多くは、多言語が併記されている。国籍も年齢も日本語の能力も異なっているクラスの運営はさぞ困難であろう。しかし、誰も置いていかない授業のために、教師は言語や教材を使い分けたり、いつでも対訳のついたプリントを見られるようにしたりといった、多様な工夫をしている。生徒も教師もそのことを非難することはない。それゆえ、残業のせいで遅刻しても、長く欠席したあとでも、日本語が伸びなくても安心して通うことができるのである。
　このように、王先生は、日本語をメインとしながらも中国語、英語そして

覚えたてのネパール語と、自らのもつ言語資源を最大に活用し、リズムよく授業を展開している。なお、この中学にはネパールで日本語を教えた経験をもつ教師もおり、ネパール人にとって「母語で相談できる先生」として頼りにされている。

④言語教育のエッセンス

　王先生の授業にはもう1点特徴がある。それは、日本語教育をしないという夜間中学の授業に言語教育のエッセンスが盛り込まれていることだ。文法を細かく教えたり、助詞をなおしたりせず、かれらの思いを大事に受け取ることに主眼が置かれている夜間中学の授業（高橋2022）であるにもかかわらず、文型の導入や、「て形」のルール[5]提示がされる。それだけでなく、第二言語学習にもとめられる理論や教授法が取り入れられているのである。その理由は「私も日本語を外国語として勉強したんです。基礎がしっかりしていれば応用もできる。自分の意見を正しく伝えるには、ある程度の文法も必要だと思っている」からであった。次のように、コミュニケーションを難しくするような文法の誤用はその場で訂正をしている。

　　　先生　　　：お手洗いはどこですか。
　　　サムラット：2階あります。
　　　先生　　　：に
　　　サムラット：あ、2階に？　2階にあります。　　　（2022年12月21日）

　また、第二言語習得では、教師環境における教師のフィードバックに特徴があるといわれている。それは誤りの訂正方法である。明示的な訂正（「間違っていますよ」）をせずに、暗示的に誤りに気づかせることがもとめられる。方法には、リキャスト、明確化要求、誘い出し、メタ言語的フィードバック、反復の5種類（Lyster & Ranta 1997）があり、王先生はコミュニケーションの流れを遮らず、これらの訂正方法をバランスよく使用している。どのように使われているか紹介しよう。

■**反復**（学習者の誤りをそのまま繰り返す）

ウッタム：先月誰と神戸へ行きますか。

先生　　：行きます？

ウッタム：行きました？　ああ、行きました。先月誰と神戸へ行きましたか。

カジャル：あさって病院へ行きました。

先生　　：行きました？

カジャル：あー、行きます。行きます。ごめんなさい。

（2023 年 2 月 1 日）

■**誘い出し**（自ら修正を引き出すことを目的に質問などを駆使しリードする）

アリ　　：いいえ、違うです。

先生　　：ちが…い…？

アリ　　：違います。　　　　　　　　　　　　　（2022 年 11 月 2 日）

■**リキャスト**（誤りの部分を改善し、言いなおす）

先生　　：休みの日に勉強しますか。

ファイ　：勉強ない。

先生　　：休みの日に勉強しませんね。

ファイ　：勉強しません。　　　　　　　　　　　（2023 年 1 月 11 日）

■**メタ言語的フィードバック**（文法用語を使って誤りを示す）

ウッタム：昨日、美術館に行きます。

先生　　：pastですよ。

ウッタム：ごめんね、先生。美術館に行きました。ね。

　生徒やその日の学習状況、時間などを考慮して巧みに訂正方法を変えている。時には、先生の表情から、誤用であると気づく場面もあった。日本語教師としての専門的知識を全くもたないにもかかわらず、外国人として日本語

を学び、日本社会を生きてきた王先生の経験が授業を充実させている。王先生が語る「基礎が大事」ということばは重い。このように、F 夜間中学の外国人への授業は、誰も置いていかないために編み出された経験に基づく多くの工夫やストラテジーに支えられて機能しているのである。

4-2. 学齢を超えた生徒の学ぶ場——兄弟で異なる日本語学習の場所

　四つあるクラスのうち A 組は、来日したばかりあるいは日本語があまりできない外国人生徒が在籍している。そのなかにネパール人のサルトスさん（16 歳）がいる。授業は 17 時半に開始されるのに、17 時にはすでに来て、授業が始まるのを一人で待っている。昼間は仕事をし、退勤後に走って授業に参加する生徒が多いなか、サルトスさんのように早く来る生徒は珍しい。「こんにちは、いつも早いですね」と声をかけてもこっくりうなずくだけだったが、1、2 か月たつと小さな声で「こんにちは」と返事をしてくれるようになった。ある日、「もうごはんを食べましたか」と聞くと「自分、作りました。食べました」と答えが返ってきたので、思い切って話しかけてみた。

　その時のやりとりは以下のとおりである。

　　筆者　　：いつ日本に来ましたか。
　　サルトス：いつ？　9 月。
　　筆者　　：誰といっしょに来ましたか。
　　サルトス：brother。
　　筆者　　：あー、弟ですね。今、弟はどこにいますか。
　　サルトス：家、16 さい。
　　筆者　　：弟はこの学校に来ませんか。
　　サルトス：ん、弟。私と弟、日本来た。弟、中学校に行きました、next
　　　dayね。
　　筆者　　：どこの？
　　サルトス：どこ？　近くね。私、行かない、日本語勉強、もっと。

（2022 年 11 月 30 日）

と言ったあと、英語で（といっても片言だが）話し始めた。要約すると、いっしょに来日したのに弟は中学生だったから、すぐに家の近くの中学校に行くことができた。サルトスさんはネパールで中学を卒業したので、1歳しか違わないのにもかかわらず、弟と同じ中学に行くことはできなかったということである。本当にショックだったという。日本語学校は学費が高いし、他に勉強するところがなくて困っていた。ネパール人の友達にこの中学のことを教えてもらった。ここに来て日本語を学ぶことができて本当にうれしいとのことであった。そして“先生、I want to study Japanese.”と大声で語った。

　担任の先生によると「最初は全くしゃべらなかったんですよ。無表情で、反応もないし、声も出さないし、どうしようかとみんな心配してたんです」とのことであった。「3か月経って、今すごく明るいでしょう。すごく熱心で、よく話すようになってきました」と言う。おそらく、サルトスさんは不安で仕方なかったのではないだろうか。来日したものの日本語を学習する場所もなく、教育も受けられない。弟が中学に通学するのを毎朝見ながら、この国に自分の場所はあるのか、来なければよかったのではないかと心配であったろう。夜間中学に通うようになってからは、毎日日本語が学習できるようになっただけでなく、ネパール人の友人もでき、ネットワークも広がっているようである。なお、この学校にいるネパール人生徒のほとんどは、ネパール人ネットワークの紹介で入学している。

　サルトスさんのような生徒は珍しくない。学齢を超えて来日した外国人にとって、日本語を学習する場所は限られている。たとえば、日本語学校や地域の日本語教室はあるが、日本語学校は学費が高い。地域の教室は週に1回程度のことが多く、東大阪市では曜日によって教室の場所も異なっている（注：たとえば水曜日は市民会館、火曜日は〇〇ホール）。継続して学習を続けられる場所がないのだ。だから、かれらは夜間中学に通うのである。

5. おわりに

　ここまで夜間中学の歴史を追いかけながら、今夜間中学に外国人生徒が増

えている現状を説明し、それゆえ生じた日本語教育という課題について考えてきた。外国人生徒が夜間中学に通う理由は日本語教育にあり、対応できない体制が課題としてあげられてきたが、F中学の実践を見れば、夜間中学が単なる日本語教育の場所ではないことがわかるだろう。ここでは狭義の言語教育ではなく、社会を生きる人間として自分をどのように表現していくかという視点でとらえられている。日本語はそのためのツールにすぎない。割り算ができない児童に、かけ算から復習させるというのは小学校でよく見られる支援の一つである。大阪の歴史や外国人の人権について学ぶ時、そこに書かれている文字が日本語であるために理解できないのであれば日本語を教えるというのも一つの支援である。日本語を学ぶではなく、日本語を通して社会を学ぶ場だからである。

　夜間中学という学校世界は、仕事や在留資格が不安定なかれらに希望と可能性を与えているといえよう。ここには排除も差別もない。自分の教室に行けば、自分の名前のラベルが貼られた机がある。机の中には教科書もあれば、自分で書いた習字もはいっている。授業ごとに配付される2穴のプリントを綴じて日に日に厚みを増すファイルもある。ここは「私の場所」なのである。残業のせいで定時に通学することは難しく、遅刻して走ってくる生徒が多い。定時に来ることを条件に入学を許可する夜間中学[6]もある。しかし、A組で日本語ゼロの外国人に日本語を教える近藤先生は次のように述べる。「学校という箱があって、そこに生徒を押し込めるんやない。学ぶ人を見て学校が変わらなあかん。定時に来いということは、生活できひんっていうことやないか」。遅刻しても走って通いつづける生徒を温かいまなざしで見守っている。「仕事きつないか」「ちゃんと食っとるか」。

　しかし、多様な外国人を受け入れる過程で教師は葛藤も経験している。「間断なき移行システム」[7]（大多和2017）と呼ばれる日本社会で生きていくために、多くの教師は夜間中学から高校への進学を薦め、「とりあえず高校へ」「高卒でないと仕事が限られる」とかれらの進路保障を担ってきた。にもかかわらず、近年、家族ビザで滞在するネパール人には、高校に進学しても退学する者が多いという。そこには、多くの生徒がもつ家族ビザの維持には、留学ビザと異なり学校に属しているかどうかが影響しないこと、進学し

ても日本語能力が十分でないために学業達成が困難であることという理由の他に、ネパールの慣習も関係しているという。たとえば、19歳になると高校在学中であっても、親の決めた婚約者と結婚するために退学する女子生徒もいれば、女性に教育は必要がないと考える親もいる。退学者の話を聞くたびに「高校へ進学させたことはよかったのかともやもやした気分になる」という教師の声もあった。

また、夜間中学に入学したベトナム人が3日で退学したケースもある。「日本語だけを集中的に学びたかったんやろう。かれの期待に応えられなかったのは残念ですわ」とその忸怩たる思いを吐露する教師もいた。国籍や言語、年齢、在留資格、その国の文化や慣習など多種多様な生徒を受け入れるには、それに対応する多様な教育体制がもとめられ、またそこからこぼれ落ちる人がいる。それらの葛藤に対峙しながら、教師は今日も教室に向かう。

今後も夜間中学は日本の社会で学ぶ場をもたない人々への教育の場として、存在しつづけなければならない。差別や排除、様々な制限から教育を受けられなかった人々が、自分たちの経験を共有し、多様な人々の交流や学び合いからその解決策を見つけたり、達成感を感じたり、自己実現したりする過程は日本語学校や地域の教室にはないだろう。日本語を学ぶのではなく、日本語で社会を学ぶ、日本語で自分を知る、日本語で他者を理解する、日本語で生きる。夜間中学の問題を考えることは、この社会のありようを考えることなのである。

2023年2月22日17時、筆者はいつものようにF夜間中学に参与観察に行った。門の前に男性が立っていて「ようこそ夜間中学へ」と書かれたポスターを見ている。「入学を希望する方ですか」と声をかけてみた。「16歳の息子が勉強する場所を探しています。私はネパール人で、今朝この学校に電話したんです」との返事であった。「じゃあ、いっしょに中にはいりましょう」とドアを開けると、先生が出てきて大声でこう言った。

「あ、今朝電話をくれた人ですね。待っていましたよ。さあ、お話を聞かせてください」。また一人生徒が増えたようだ。

注

1) 卒業証書は受け取っているものの実質的な学校教育を享受できなかった人をいう（添田 2018）。
2) インド料理店などで就労する親に帯同してやってきた家族に与えられる在留資格。
3) 言語を学びのツールととらえ、実践活動を通して言語を習得するという考えに基づいている。
4) F 中学の最大在籍可能年数は 9 年となっている。
5) 日本語初級の文法項目の一つで、「行きます→行って」「話します→話して」のように「動詞の語幹＋て」の形を作るルールのことをいう。
6) 東京の A 中学の教頭先生のききとりによる。（2023 年 2 月 8 日）
7) 学校と職業生活との間に空白がなく、学校卒業が進路に影響することが大きいとされる教育システムをいう。

参考文献

江口怜（2021）「あってはならないが、なくてはならない学校——夜間中学の歴史と現在」『部落解放』809, 8-16.

榎井縁（2022）「夜間中学の『あってはならない』から『なくてはならない』へ——法制度化への経緯と今後の課題」『未来共創』9, 173-197.

奥元さえ美（2020）「夜間中学および夜間中学における日本語教育の現状と課題に関する考察」『早稲田日本語教育学』28, 51-60.

添田祥史（2018）「夜間中学をめぐる動向と論点整理」『教育学研究』85(2), 196-205.

添田祥史（2023）「九州・沖縄の動向」『夜間中学映画「こんばんは II」明日へ向かうつどい』シンポジウム配付資料

高橋朋子（2020）「夜間中学外国人生徒との交流による近畿大学生の学び」『近畿大学教養・外国語教育センター紀要』10(2), 165-176 .

高橋朋子（2022）「学習者の多様な学びを支える日本語教育——夜間中学で学ぶ外国人生徒の事例から」『JOURNAL CAJLE』23, 43-70.

田中勝文（1978）「夜間中学問題を通して学校を考える」『教育学研究』45(2), 107-117. https://doi.org/10.11555/kyoiku1932.45.107〈2023.03.20 アクセス〉

宮崎里司（2016）「持続可能性からとらえた言語教育政策——アウトリーチ型ならびに市民リテラシー型日本語教育支援に向けて」『早稲田日本語教育学』4, 29-42.

宮崎里司（2020）「義務教育未修了者のための持続可能な日本語教育支援——『あってはならない』から、『なくてはならない』セーフティーネットとしての夜間中学の役割」『早稲田日本語教育学』28, 1-10.

文部科学省（2019）「夜間中学の設置推進・充実について」http://www.mext.go.jp/a_menu/shotou/yakan/index.htm〈2023.01.15 アクセス〉

文部科学省（2020）「文部科学統計要覧（令和 2 年版）5．中学校」https://www.mext.go.jp/b_menu/toukei/002/002b/1417059_00003.htm〈2023.01.15 アクセス〉

文部科学省（2021）「夜間中学の設置・充実に向けた取組の一層の推進について」https://www.mext.go.jp/a_menu/shotou/yakan/〈2023.02.07 アクセス〉

文部科学省（2022）「夜間中学設置応援資料　夜中を全国に！」https://www.mext.go.jp/content/20220810-mxt_syoto02-100003094_1.pdf〈2023.02.07 アクセス〉

Lyster, R.（2018）*Content-based language teaching.* Routledge.

Lyster, R. & Ranta, L.（1997）Corrective feedback and leaner uptake: Negotiation of form in communicative classrooms. *Studies in Second Language Acquisition* 19, 37-66.

参考資料 ━━━━━━━━━━━━━━━━━━━━━━━━━━━━━━━━━━━━

F中学夜間学級要覧（2022）

第9章 | いったい何のために日本語を教えるのか

アメリカの大学教員による変容的学習の模索

プレフューメ裕子

本書の編者から本の企画について話を聞いた際、次のような質問をいただいた。

> 「プレフューメ先生、自分がなぜ日本語を教えているのかわからない、学生たちにとって日本語教育が本当に必要なのかわからない、といった迷いや疑問を感じたことがありますか」

筆者はこの問いに対し、「よく感じていますよ」と答えた。筆者がアメリカの南部の大学で日本語を教えており、自らの教育実践に大きな喜びを見いだしている一方で、自分が何のために日本語を教えているのか、自問自答を繰り返している。本章では、その答えを探るため、北米の外国語教育の現状と筆者の葛藤、そして機能的、道具的な日本語教育観を超えて、筆者が学生に伝えたいこととは何か、筆者の教育実践を通じて振り返るとともに、学生たちがどのように人として成長していくのか、メジローの「変容的学習」の概念を援用しながら教育活動や学生の振り返りから明らかにする。

1. 日本語を学ぶことはキャリアには関係がない学生たち

海外での日本語教育の文脈は多様であり、学生の学習動機も様々である。国際交流基金の調査結果では、北米の大学において、日本語学習の主な動機は、ポップカルチャー、歴史、文学、観光などと報告されており（国際交流基金 2020）、筆者の大学においても日本語のクラスの学生は多種多様な専攻をもち、趣味や楽しみを目的に日本語を履修し、卒業後のキャリアで日本語を使うことを真剣には考えていない。強いていえば、卒業後に日本に行って英語を教えたいと言う学生が 2 〜 3 名いる程度である。大学における日本語学習者は、もともとは日本学を研究する学生を中心としていたが、日系企業がアメリカに進出し、日本の経済的存在感が高まった 1980 年代には、卒業後のビジネスキャリアを見据えた日本語学習者が増加した。さらに、近年では、アニメ、ゲームなどのポップカルチャー、日本の若者文化に興味をもつ

学習者が増加しており、かれらの目的は日本研究やビジネスではなく、個人的な興味によるところが大きい[1]（国際交流基金の国別日本語教育情報（米国（2020年度）日本語教育 国・地域別情報, n.d.））。

　しかし、筆者としては、学生たちのアニメ、マンガといったポップカルチャーへの興味は理解しつつも、せっかく大学で時間をかけて日本語を学ぶのであれば、日本語科目の単位を履修するだけで終わるのではなく、将来的にも何らかの形で日本語を使ってもらえたらと思っている。そうした願いの一つとして、日本語をかれらの将来のキャリアに活かすための道筋を示すことができたらと考えていた。そこで日本語学習者の雇用の可能性について企業に話を聞くため、現地の日系企業NBA（仮名）の人事部長のK氏を訪問したが、結果は筆者の希望どおりにはいかなかった。

　訪問したNBAは、AIの分野で世界的に知名度が高く、フォーチュン500（Fortune 500）[2]にも名を連ねる大企業である。筆者は、地元の日米協会を通じて築いたネットワークを活かし、近い将来学生の就職支援ができるのではないかという淡い期待を抱いていた。以下、K氏に外国人採用者の日本語能力の必要条件に関する質問をした際の会話をメモの内容をもとに再現する。

　　筆者　　：お宅の会社では、採用条件としてどの程度の日本語能力をもとめていますか。
　　Kさん：日本語能力はとくに採用条件にはありません。
　　筆者　　：でも、たとえばスキルや経験が同格の応募者が二人いる場合、多少でも日本語能力があったほうが有利になりませんか。
　　Kさん：いや、別に。
　　筆者　　：では、日本語能力は関係なくても、日系企業で働くうえで、日本の文化や習慣などを理解していたほうがプラスになりませんか。
　　Kさん：う～ん……ほとんどというか、重要視していません。

　筆者としては、「日本語を学び日本の文化や習慣を理解できれば、将来のキャリアに有利です」という日本語学習に対するセールス・ピッチのようなことばを聞きたかったのであるが、筆者の執拗な質問に対するK氏の回答

は、学習動機になりそうな肯定的な答えとは裏腹に、「とくにない」という期待外れなものだった。

　筆者はこうした状況のなかで、機能的、道具的な日本語教育（～ができる、～がわかる）ことだけを重視するのではなく、どのように日本語学習を学生の人生を豊かなものにするために、生かしてもらえるのか、そうしたことを考えるようになっていった。

2.　日本に留学したくてもできない学生

　学生が将来のキャリアで日本語を活用することを考えていないことは、それがかれらの「選択」の問題だけではなく、そうすることが難しい、という背景があることも忘れてはならないだろう。なぜなら、アメリカの大学で日本語を学んでも、日本に留学せずに日本での就職に必要な高度の語学力を身につけることは容易ではないからである。筆者が受け持つ学生のなかには、半年または1年間の交換留学を希望しても、経済的理由で断念せざるを得ない学生が多くいる。長期交換留学に参加できない学生のために、夏季短期留学プログラムも実施しているが、短期であっても、授業料を含め1万2000ドル以上もかかるため、経済的に余裕のあるごく一部の学生が対象になってしまう。近年アメリカ国内の大学における国際化は世界的なグローバル化の流れに対応するために増加した（Veerasamy 2021）。筆者の大学でも例外ではなく、世界的リーダーの育成や経済的、人種的背景の側面をもとに学生層の多様化を大学の長期ビジョンとして打ち出してから10年以上になる。しかし、学生層の多様性は向上しているにもかかわらず、私立大学の高額な学費の影響にもより、Simon & Ainsworth（2012）の先行研究にも言及されているように、留学への参加が、依然として白人、富裕層などに大きく制限されている事実は否めない。

　教員生活を通じて筆者が矛盾を感じるのは、経済的な理由で様々な機会をあきらめたり、学費を払うために夜間働かなければならない学生がいる一方で、高級車を所持し、親が購入した一軒家に住んでいる恵まれた学生の留学指導をしたりする時である。そんな時、アメリカで日本語教育に携わる筆者

は、「日本語をなぜ教えるのか」「なぜ日本語教育が必要なのか」と自問自答する。

3. アメリカの大学における外国語科目の削減

　さらに、教育現場を取り巻く不安として、構造的な外国語教育プログラムの削減もあげられる。Modern Language Association（MLA）[3]の統計によると、アメリカの大学における英語以外の語学履修者は、1980年から2009年にかけて徐々に増加を示したが、2009年から2016年までの間に15.3％も減少したと報告されている。その主な理由として、Flaherty（2018）は、アメリカ経済の不況により、多くの大学生がプレッシャーを感じ、就職に直接つながりそうな科目を集中して履修しているのではないかという見解を述べている。幸いなことに日本語学習者数は、初中等級レベルでは、微減の傾向にあるものの、高等教育レベルでは多少の伸びを見せているようであるが、外国語教育をめぐる情勢は楽観視できない状況にある（国際交流基金2020）。

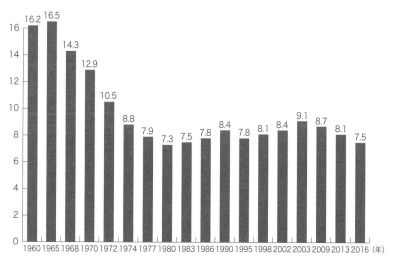

図 9-1　米国の大学に在籍する学生 100 人当たりの現代語コース受講者数

多くの大学では、大学教育の目的の一つに国際教育を掲げてはいるものの、実際の教育現場では多数の外国語プログラムが閉鎖されており（Johnson 2019）、とくに、十分な資金のない私立大学や運営費交付金が不足しがちな州立大学において、経費削減のターゲットとなっている（舩守 2018）。経費削減の影響は教員の雇い止めや常勤教員の代わりに非常勤講師の雇用に至る場合もある。日本語のプログラムも例外ではなく、州内の大学を見ても学生数に見合った日本語教員数が確保されているケースは稀である。

　本章で取り上げる筆者の所属大学（以下、B大学）はアメリカ南部の中核都市に位置する全学生数（学部生、大学院生含む）2万人余りのミッション系私立大学である。B大学の新学期は8月下旬に開講され、毎年約100名前後の学生が初級から中・上級レベルの日本語の授業を履修している。

　B大学の場合も、前述のような、北米の大学における外国語科目の削減の影響が出ており、外国語プログラム自体は存続しているものの、2019年秋学期から大学の教養必修科目の一部である言語科目の単位数が、それまでの14単位から9単位に縮小された。そのため1年生レベルの外国語授業は週5回の50分授業（4単位）が、週3回の50分授業と週1回75分のラボ（合計3単位）になってしまった。コンタクトアワーが短縮されても、日本語の四学期終了時までに、ACTFLの言語運用能力ガイドライン[4]の中級をめざすという学習到達目標に変わりはなく、短縮されたコンタクトアワーと単位数で、学生を目標レベルに導くために、大学卒業後のキャリアで使える語学のスキル取得に重点を置いてしまう傾向にある。

4. 狭義の「日本語教育」を超えて学生と対話し、学生たちに伝えたいこと

　筆者の日本語クラスの学生たちの学習動機は、日本の社会や文化への興味、将来の就職、留学、旅行、アニメを理解するためなど多様であり、前述したように日本や日本文化に興味があっても、日本への留学や日本関係の就職が実現できる学生は非常に少ない。日本語のスキルが将来学生のキャリアに直接かかわる可能性がないとしたら、語学スキルの向上以外にも大切なことが

あると考えなければならない。たとえばACTFLの外国語スタンダードの達成目標の5C[5]は、授業や教育の方向性を明確化したとされ、筆者の大学も含め、初等教育から大学まで、北米の外国語教育の評価基準としてよく用いられている。そのなかでもとくに文化は言語と密接に関係しており、外国語教育には必須であるとの考え方もある。しかし、文化や社会のとらえ方がステレオタイプ的な理解に陥らないために（唐津 2021）、人と出会い、社会に参加するような活動を通じて、価値観を揺さぶられ、自分自身を変えていくという視点を育む機会を与えることが必要ではないかと思う。それは、学生たちの日本語学習動機や目的にかかわらず、筆者が常に伝えたい、学んでほしいと思っていることであり、狭義の意味での日本語教育、つまり、日本語がわかる、できるようになることや、文化の定義や産物にフォーカスをあてるというより、日本語との出会いがかれらのこれからの人生の糧となる、そうした教育をしていきたい、ということである。

　学生の成長を促す学習理論に Transformative Learning（変容的学習）がある（Mezirow 1990）。Transformative Learning とは学生がもつ固定された先入観や潜在意識などの既成概念[6]を変革し、よりインクルーシブで、偏見をもたずに、判断力と反省的思考力を高め、情動的変化をもたらす学習のことであり（Mezirow 1990）、Mezirow（2003）は Transformative Learning の理論のなかで、個人の意見や価値観は各自の体験に基づいた解釈であるが、人は新しい体験を通じて Disorienting Dilemma（価値観を揺さぶられるような経験）を経験し、新たな視点に気づき、自分を見つめなおして成長していくと述べている。筆者は、こうした視点に立ち、青年が大人へと成長、変容していくための一つのきっかけとなるような体験学習を様々な形で企画、提供しており、その中からかれらが日本語、あるいは複数の言語を用いて、人々とつながり、心を揺さぶられ、自分を見つめなおして成長してほしいと願っている。以下、筆者がそうした願いを込めて実践している教育例をあげ、学生の振り返りを通して Transformative Learning の意義を分析したい。

4-1.　被災地のスタディーツアー

　筆者は 2011 年の東日本大震災の翌年より、新型コロナ感染症の影響で訪

日ができなくなった3年間を除き、今に至るまで毎年夏の日本語短期留学プログラムの一環として、学生を引率して東北被災地を訪れ、交流・支援活動を行っている。このスタディーツアーの主な活動内容は、現地の子どもたちへの英語の絵本の寄贈や読み聞かせ、スポーツ交流、高齢者の方々とグランドゴルフや体操などを通じたふれあい交流活動などである。さらに、人間の生きる力と勇気を世界中の人々に伝えることを趣旨に、東日本大震災で多大な被害を受けた南三陸町の津波被災者をインタビューし、みじかい動画を作成する⁷⁾という日米学生の協働プロジェクトにも取り組んできた。震災2年後の2013年に参加した学生Aの振り返りには、震災後の復興作業の着工が遅れていた海岸で行ったゴミ拾いのボランティア活動で、泥まみれの小さな子どものおもちゃのかけらやぼろぼろに破れた毛布などを拾いながら、情動的変容が起きた様子がうかがえる。震災の数年後に参加した学生Bの振り返りにも、被災者のインタビューや地元の人との交流を通じ、自分の無力さが先入観だったことに気づき、視野の変容がうかがえる。滞在期間は数日間ではあるが、歴史に残る膨大な被害を受けた地域での活動は、参加した学生すべてが自分の価値観が揺さぶられるような経験があったことを振り返っており、こうした経験が学生の視野の広がりにつながっていることがわかる。

　　学生Aの振り返り：僕は日本にいる間に、<u>高校の同級生をバイクの事故で失い、ずっと落ち込んでいました</u>。でも、ひどいと言われるかもしれませんが、それは（僕が失ったのは）たった一人だったのです。理解してもらえるかどうかわかりませんが、<u>あの海岸（震災があった場所）で、あんなに大勢の人たちが命を亡くし、さらにもっと大勢の人たちの人生が変わったと知った時、僕の経験はそれほどひどいことではなかったと思いました</u>。[略] そして、（僕も）悲しい経験をしたから、何か、誰かに貢献できるかもしれないと思いました。　（筆者訳、下線・括弧筆者加筆）

　　学生Bの振り返り：本当のことを言うと、[略] 私が、（被災地で）何をしたところで、多くのつらい経験をした（地元の）人たちのために私ができることなどないと思いました。でも、地元のみなさんは、とても

やさしくはつらつとしていました。<u>一生忘れられないようなつらい経験</u>をしたにもかかわらず［略］<u>日々を生き抜く強さには本当に感動しまし</u><u>た</u>。私はいつも大変な経験ばかりしていると思っていました。でも、地元の人たちとの出会いから、<u>自分がとても恵まれていることに気がつき</u><u>ました</u>。そして、<u>人に寄り添うことの大切さも再認識</u>しました。

（筆者訳、下線・括弧筆者加筆）

4-2.　障がい者福祉施設での交流

　短期留学プログラムで日本滞在中に取り組むもう一つの活動に、障がい者福祉施設での交流がある。そこは、障がいをもった人や引きこもりを体験した人の自立・就労支援を行う施設である。交流活動の内容は簡単な日本語の〇×クイズやおしゃべり会、ろうあの方による日本語の手話レッスン、施設で販売している手づくり食品などの手伝いである。普段、自国でも障がいがある方と接する機会があまりない学生もいるはずであるが、日本の障がい者について無知であったという学生Cの記述には、筆者も驚きを感じた。障がい者との交流は、学生Cが日本に対する自分のステレオタイプや偏見に気づき、行動を起こすきっかけになった。学生Dも言語だけがコミュニケーションの手段ではないということに気づいたことがコメントからうかがえた。福祉施設の訪問では、最初、学生たちは障がい者との接し方に戸惑いを見せるが、協働の活動や遊びを通じ、次第に打ち解け笑顔を見せるようになる。ここでは、障がい者の存在すら認識していなかった学生たちが、日本社会の未知の部分に触れ、新しい視野が開ける様子がうかがえる。

　　学生Cの振り返り：私は今まで、日本のアニメを含めたポップカルチャーやテクノロジーに憧れていただけで、<u>日本にもアメリカみたいに</u><u>障がいをもった人がいて、その人たちを支援する施設があることなど一</u><u>度も考えたことがなかった</u>。［略］日本でボランティアはできませんが、アメリカに帰ったら、<u>自分ができるボランティア活動を探してみよう</u>と思います。

（筆者訳、下線筆者加筆）

学生Dの振り返り：<u>僕は今日初めて日本語と英語の手話の違いを</u>
<u>知った</u>。僕は高校の時、少しだけ手話を習ったことがあるから、日本語
の手話にとても興味があった。Hさんは、僕たちに日本語の手話で自己
紹介の仕方を教えてくれた。「初めまして。僕はスティーブ（仮名）で
す。アメリカの大学生です。今19さいです。どうぞよろしくお願いし
ます」。最初は、少し難しかったけど、Hさんが僕の自己紹介をわかっ
てくれた時、本当にうれしかった。もちろん、今はまだ日本語の手話は
できないが、<u>日本語や英語以外でも日本人の人々とコミュニケーション</u>
<u>ができる可能性があることを知った</u>。　　　（筆者訳、下線・括弧筆者加筆）

4-3.　日本の学生とのオンライン国際協働学習

　留学プログラムに参加できるのはほんの一部の学生たちである。毎年の留
学プログラムで、日本人との交流や日本の大学生との協働学習における学び
や気づきを通して、学生たちの生き生きとした様子を見ていた筆者は、アメ
リカの大学の授業でも学生に同様な経験をさせたいと思い、日本の大学の教
授と共にオンライン国際協働学習（COIL）を始めることにした。

　COILはICTを利用して、海外の学生と交流・協働学習ができる双方向的
教育方法である。筆者の授業では、「異文化対応能力や異文化コミュニケー
ション能力」（池田 2020, p.21）の向上をめざし、8週間にわたり、バーチャ
ル・ホームビジット、バーチャル・キャンパスツアー、ライフヒストリー・
インタビュー、東日本大震災被災者の語りの翻訳、社会課題の解決策提案な
ど、様々な協働活動を行った。日本語の母語話者との交流において、学生E
は自分の語学力を認識し自信を失いかけたが、COILパートナーの寛容さを
知ることができたと述べている。学生Fは、日本の社会問題に触れることで、
無意識にもっていた日本に対するステレオタイプに気づいたと記述している。
COILといえども、実際の留学体験の代替にはならないが、通常の授業では
できない日本語ネイティブの大学生との海を越えた協働作業のなかでの挫折
からの立ち直り、ステレオタイプという固定観念の気づきや考察を通じて、
しばしば学生の考えの変容をうかがい知ることができる。

学生Eの振り返り：COILでは、<u>自分の語学力のなさを痛感して、自信をなくしてしまった</u>。僕はよく自分を一番批判する傾向にある。僕の語学力の低さは、自分を<u>グループの目立たない存在</u>にさせ、パートナーとの交流を<u>苦しい試練</u>にした。でも、他のメンバーたちが僕を辛抱強く助けてくれたおかげで、僕は<u>人は見かけによらず寛容だということに気づいた</u>。

（筆者訳、下線筆者加筆）

　　学生Fの振り返り：COILを通じて私はこの世界に完璧な場所がないことを知りました。<u>アメリカにいるアメリカ人のなかには、日本はあらゆる社会問題を解決できる国だというおかしな考えの人たちがいると思います</u>。この同じ地球上で、日本もアメリカも、気候問題、無駄なプラスチックの使用、癌など様々な課題を抱えているといことを知りました。COILによって僕は<u>社会の水面下には他にも巨大な問題がある</u>ということを考えさせられました。

（筆者訳、下線筆者加筆）

4-4. 日本語スピーチコンテスト

　アメリカでは、州レベル、全米レベルなど、様々な地域で日本語のスピーチコンテストが行われている。コンテストというだけあって、必然的に参加するのはチャレンジ精神のある少数の学生だけである。クラスの学生全員が経験できるわけではないので、スピーチコンテストの存続意義について、時々疑問を抱くことがある。一方で、メンターやコーチとして数名の学生を支援することができるため、スピーチの上達を目の当たりにし、学生個人の性格や背景を知ることができる。学生がコンテストで優勝でもすれば、真のやりがいを感じることができる。

　課外活動であるスピーチコンテストに参加する学生は意志が強く向上心も高いが、普段の勉強以外に何時間も時間を費やし、原稿を書いたりスピーチを覚えたり、発表の練習をするため、失敗した時に落ち込むこともよくある。学生Gの場合、コンテスト本番でスピーチの一部を忘れて、観客の前でプライドが傷つき、筆者が心配するほどしばらくの間落ち込んでしまった。しかし、振り返りの記述では、言語力だけではなく反省的思考力や精神面での

成長がうかがえる。自己の能力に疑問を抱き、日本語学習の価値も問いなおした結果、自己過信を改めた様子からは学生のなかに変化が生まれていることがわかる。

　　　学生Gの振り返り：僕の日本語の先生は、僕が最悪の成績をとったひどい学生だったにもかかわらず、僕を信じると言ってくれました。努力さえすれば日本語が話せるようになるよと。先生は正しかったです。その時、僕がどれほどの困難に直面していたかを知っていたかどうかはわかりませんが、先生は僕がそれを乗り越える手助けをしてくれました。スピーチコンテストの全国大会では負けてしまいましたが、おかげでその時の経験は僕を謙虚にし、学習や成功に対する先入観を取り除き、七転び八起きのように、何度倒れても立ちあがり常に最善を尽くすというユニークな機会を与えてくれました。　　　　　　（筆者訳、下線筆者加筆）

5.　おわりに

　本章で紹介した学生たちの振り返りは、かならずしも日本語に特化しているものではない。日本語教師の役目は、学生の日本語能力向上を第一に考えるべきだというのは正論である。しかし、今まで筆者が受け持った多くの学生のなかで、現在日本語を使って仕事をしている人は何人いるのだろうか。卒業後の学生の話や手紙からは、Transformative Learning の意義と教育者としての役割の重要性を再認識させられる。そのなかでもとくに印象に残った手紙と話を紹介する。

　卒業生Aは、在学中心理学者になるという目標をもち、キャリアのためではなくアニメ好きで日本語を履修した例である。手紙を受け取った時、筆者は喜ばしかったのと同時に、他に助けてくれた教授がいなかったことを知り、心が痛む思いでもあった。

　大学2年生から日本語を履修し、3年間で日本語副専攻の単位を取得した。クラスではかならずしも積極的ではなかったが、いつも真面目に宿題をして3年間続けて日本語の皆勤賞をとった。日本の大学生とのCOILでは、東日

本大震災の被災者の話を翻訳し、人間の強さと命の大切さを学んだと言っていた。

　他にもこの学生のように、自分の専攻に直接関係がなくとも、日本語を副専攻にして在学中日本語を履修しつづけた学生は大勢いる。将来日本語を使う職に就かなくとも、日本語のクラスを通じて学んだ人とのつながりは将来の人生の糧になるのではないかと思う。

　また、卒業生Bは、筆者と話をした際に以下のように述べていた（対面の話をもとに筆者が再構成したもの）。

　　この間、バケーションでクルーズに行ってきました。プールサイドでリラックスしていたら、近くで何となく耳慣れたことばが聞こえてきたんです。最初は意味がわからなかったのですが、よく聞いてみると、それは日本語でした。私がすぐに片言の日本語で話しかけたらびっくりされました。それから、しばらく私たちは日本語と英語で何でもない話をして、楽しいひと時を過ごしました。［略］私は自分のGPAのことばかりを気にしていて日本語を途中でやめてしまいました。先生、覚えていますか。2年生の終わりに私が先生のオフィスに謝りに行ったことを。日本語は大学で一番楽しいクラスだったけれど、Aがとれなかったので、やめることにしましたと伝えたことを。今思い返すと後悔しています。私はやはり日本語が好きなんです。卒業してからいくつか仕事を変えました。その間私はぜんぜん幸せじゃありませんでした。今私はもう一度日本語を学びなおして、来年JETプログラムに申し込むつもりです。

お久しぶりです。最近はよかったといいですね。何事もうまく行っていると思います。推薦状を書いていただき、本当にありがとうございました。先生のおかげで、大学院の承諾書を手に入れて、今年の秋に■■の大学の臨床児童心理学の学生になることになりました。先生の教授陣の中で、プレフューメ先生だけが僕の日本語の推薦状を書いていただき、そして日本語の処理の教えていただきました。これはつまらないものですが、どうぞ受け取りください。僕の感謝を言い表す言葉がありません。いろいろとありがとうございました。

卒業生Aの手紙

最後に、日本語教育には、日本文化の理解を深めたり、日本社会の課題発見など、様々なメリットがある。しかし、それにもまして、日本語教育を通じて、人間の価値や多様性について学び、意識を高めたり理解を深めたりしつつ、一生の友人やメンターに出会える意義ある教育でもある。筆者自身、企業の即戦力になるような人材育成だけではなく、一人の人間の成長にかかわる教育に携われることに感謝をしつつ、日本語の学生が最近書いたブログの一部を抜粋する。

　　僕は今哲学を専攻しているよ！　三年間日本語を勉強している！　その間、僕はたくさん友達ができて、貴重なメンターも手に入れて、厳しいけど大事な教訓を学んだよ。よく失敗したけど、失敗はいつも最終的に自分を強くしてくれたんだ。マジで、日本語の勉強って超難しい。今までで一番難しいかもしれないな。やりがいのあることは決して簡単ではない。決まり文句みたいに聞こえるかもしれないけど、本当だよ。これが僕にとって一番大事なポイントになるんだ。
　　僕の人生で、言語を学ぶことの本当の大切さを教えてくれた人は大学で日本語を学ぶまで誰もいなかったんだ。言語の大切さを理解できなかったんだよ。（中学と高校で）フランス語を六年間も勉強して、エジプト系アメリカ人の家庭で育っても、理解できなかったんだ。「履歴書にはよい印象を与えるよ」「大学進学に役立つよ」「フランスで素敵な休みを過ごす時に、全く馬鹿にされないよ」って高校の先生から言われたんだ。確かに、それはすべて真実だけど、それはなぜ言語が大切なのかではなく、言語は何をできるかなんだ。じゃあ、なぜ？　僕が理解したのはつい最近のことだった。
　　　　　　　　　　　　　　　　　　　（筆者修正、下線・括弧筆者加筆）

　この学生の述べる「言語は何をできるかなんだ」とは、機能的な日本語能力のことだけを述べているわけではない。多様な日本語での体験プログラムを通じて、価値観を揺さぶられ経験の大切さを学生は実感している。筆者はこれからも学生たちが「じゃあ、なぜ？」という問いをもちつづけてほしいと考えており、そうした教育をめざしていきたい。

注

1) 筆者のクラスのアンケート結果からも、90%以上の学生が、子どもの時に見たアニメや日本語のビデオゲームをやったことがきっかけで日本語に興味をもつようになったことが確認された。

2) 全米総収入上位500社。

3) 言語と文学の研究者のためのアメリカの主要な学術団体（米国現代語学文学協会）。1883年設立。

4) ACTFL Proficiency Guidelines：https://www.actfl.org/educator-resources/actfl-proficiency-guidelines

5) ACTFL World-Readiness Standards for LearningとはAmerican Council on the Teaching of Foreign Languagesが定めた外国語学習基準であり、そのなかにはCommunication、Culture、Connection、Comparison、Communityの5Cが含まれている。https://www.actfl.org/educator-resources/world-readiness-standards-for-learning-languages

6) 既成概念の枠には、固定的な対人関係、政治的指向、文化的偏見、イデオロギー、スキーマ、ステレオタイプの態度や行動、職業的習慣、宗教的教義、道徳的・倫理的規範、心理的な嗜好やスキーマ、科学や数学におけるパラダイム、言語学や社会科学における思考概念、美的価値や基準などがある（筆者翻訳）（Mezirow 2003, p.58）。

7) Humans of MinamisanrikuとしてYouTubeで配信。https://www.youtube.com/@humansofminamisanriku9470、BIJ in Minamisanrikuにも掲載。https://sites.baylor.edu/bijm/

参考文献

池田佳子（2020）「ICTを活用し海外の学生と行う国際連携型の協働学習『COIL』の教育効果と課題」『大学教育と情報』2020年度(2), 20-25.

日暮嘉子（2014）「北米の日本語教育の動向と日本語教育専門家の取り組み（海外の大学が日本の日本語教育機関に期待すること）」『シリーズ新しい日本語教育を考える』2, 25-53.

羽田貴史（2013）「大学教育における教員の役割と課題——人を育てる営み噛みしめて」私学高等教育研究所日本私立大学協会『アルカディア学報』534(2539). https://www.shidaikyo.or.jp/riihe/research/534.html〈2023.05.30アクセス〉

舩守美穂（2018）「米国大学における外国語履修者数、大幅減少」国立情報学研究所 オープンサイエンス基盤研究センター. https://rcos.nii.ac.jp/miho/2018/03/20180308/〈2023.02.19アクセス〉

国際交流基金（2020）「2018年度日本語教育機関調査結果」https://www.jpf.go.jp/j/project/japanese/survey/area/country/2020/usa.html〈2023.02.20アクセス〉

Austin, A. E., & McDaniels, M.（2006）Preparing The Professoriate of The Future: Graduate Student Socialization for Faculty Roles. In J. C. Smart（Ed.）, *Higher Edu-*

cation: *Handbook of Theory and Research*（pp. 397–456）. Springer Netherlands. https://doi.org/10.1007/1-4020-4512-3_8

Flaherty, C.（2018）L'œuf ou la Poule? *Inside Higher Ed.* https://www.insidehighered. com/news/2018/03/19/mla-data-enrollments-show-foreign-language-study-decline 〈2023.02.19 アクセス〉

Jaschik, S.（2018）Foreign Language Enrollments Drop Sharply. *Inside Higher Ed.* https://www.insidehighered.com/news/2018/03/07/study-finds-sharp-decline-foreign-language-enrollments 〈2023.02.19 アクセス〉

Johnson, S.（2019）Colleges Lose a 'Stunning' 651 Foreign-Language Programs in 3 Years. *The Chronicle of Higher Education.* https://www.chronicle.com/article/colleges-lose-a-stunning-651-foreign-language-programs-in-3-years/〈2023.02.25 アクセス〉

Looney, D., & Lusin, N.（2019）Enrollments in Languages Other Than English in United States. Institutions of Higher Education, Summer 2016 and Fall 2016: Final Report. https://www.mla.org/content/download/110154/file/2016-Enrollments-Final-Report.pdf 〈2023.02.19 アクセス〉

Mezirow, J.（1990）*Transformative Dimensions of Adult Learning.* Jossey-Bass.

Mezirow, J.（2003）Transformative Learning as Discourse. *Journal of Transformative Education*, 1(1), 58–63.

Simon, J., & Ainsworth, J. W. (2012). Race and Socioeconomic Status Differences in Study Abroad Participation: The Role of Habitus, Social Networks, and Cultural Capital. *International Scholarly Research Notices*, 2012, e413896. https://doi.org/10.5402/2012/413896 〈2023.05.28 アクセス〉

Stein-Smith, K.（2017）Foreign language skills as the ultimate 21st century global competency: Empowerment in a globalized world. *International Journal of Research Studies in Language Learning*, 7.

Veerasamy, Y. S.（2021）Emerging Direction of U.S. National Higher Education Internationalization Policy Efforts Between 2000 And 2019. *Journal of Comparative & International Higher Education*, 13(4), Article 4.

We're Baylor to the Core: The New Unified Arts & Sciences Core Curriculum.（2019）. https://blogs.baylor.edu/artsandsciences/2019/04/24/core/ 〈2023.02.25 アクセス〉

de Wit, H., & Altbach, P. G.（2021）Internationalization in higher education: Global trends and recommendations for its future. *Policy Reviews in Higher Education*, 5(1), 28–46.

第10章 継承語学習をやめることは、挫折なのか

本間祥子・重松香奈

1. はじめに

　筆者らは、海外の補習授業校（以下、補習校）にて、教員として、あるい
は、保護者として子どもたちの教育に携わってきた。補習校とは従来、子ど
もたちがいずれ日本へ帰国することを想定し、帰国準備教育の役割を担うも
のであった（佐藤ほか 2020）。しかしながら、世界中の補習校において多様な
言語文化背景をもつ子どもたちが増加したことにより、子どもたちの実態や
保護者のニーズと従来の補習校のあり方にずれが生じているといわれるよう
になった（リー・ドーア 2019）。筆者らの勤めていた補習校においても、海外
永住や長期滞在、国際結婚家庭の子どもが増加し、多様な子どもたちの日本
語使用の実態に合った授業を行うことが難しいと感じられるようになった。
しかしながら、渋谷（2013）が指摘するように、補習校が日本への帰国準備
教育を行うための機関であるという認識を教員がもっていることや、代替と
なる教育方法が確立されていないといった事情が重なり、従来の教育が継続
されているというのが現状であった。一方、日本で暮らす予定のない子ども
のなかには、補習校での学習に苦痛を感じ、「価値を見出せないなどの理由
でドロップアウトするケースが少なくない」（中野 2017, p.34）という。
　では、そのように補習校を去っていく子どもたちの存在は、これまでどの
ように考えられてきたのだろうか。近年、幼い頃に日本語を習得できなかっ
た継承語学習者の大学生が、大学の初級レベルのコースで日本語を学びなお
している状況があることが報告されている（Yoshimitsu 2013、眷尾 2014）。
　小谷（2017）は、そのような大学生たちが幼少期に補習校を途中退学した
経験をもっていることに着目している。小谷は先行研究をレビューするなか
で、補習校の教育の背景には「バイリンガル思想」[1]があり、補習校を途中
退学するということが「日本語学習の失敗」や「日本語学習の終了」とみな
されたり、「日本語学習の挫折」ととらえられたりする状況があると述べる。
反対に、補習校に通いつづけた子どもに対しては、「補習校に通っていたか
ら日本語ができる」と考えられる言説が存在しているのだという。このよう
な状況について小谷は、継承語学習者の大学生たちが一度日本語学習から離
れた経験をもつことを「失敗」「挫折」「日本語学習の終了」と判断してしま

うことは本当に妥当なのかという問題提起をしている。そのうえで、補習校に通っていた期間のみで、その人の日本語学習経験や日本語の力をとらえることはできず、その人の人生全体から日本語学習の意味をとらえなおす必要があると主張している。

　小谷（2017）の指摘から、子どもたちが補習校を途中退学するということは、日本語習得に対する失敗や挫折、日本語学習の終了とみなされてしまう状況があったことがわかる。そして、そのような状況が、補習校から離れた子どもたちに劣等感や挫折感を抱かせてきたことは想像に難くない。その一方で、多様化する子どもたちの実態を踏まえ、補習校のあり方を見直さなければならないという議論も行われるようになった（東京学芸大学国際教育センター 2014）。補習校を中心とした継承語学習のあり方が問われるなかで、子どもたちはどのような思いで日本語を学んでいるのだろうか。そして、子どもたちが継承語学習から離れたいという思いを抱いた時、私たちはどのように子どもたちに向き合っていけばよいのだろうか。

　次節では、近年急増する海外長期滞在家庭の子どもであり、筆者らの一人が補習校の学級担任を務めたある卒業生のストーリーを紹介する。その際、補習校をめぐる学習経験の意味とは子ども個人の人生において浮かびあがってくるという視点から卒業生の語りを検討し、継承語学習をやめることは挫折なのかという本章の問いに対する答えを探っていく。

2. ある卒業生のストーリー

　本節では、筆者らの一人が補習校で学級担任を務めた卒業生サキ（仮名）のストーリーを紹介する。筆者らは、サキが大学2年生であった2020年にインタビューを実施し、補習校に通っていた当時の思いや卒業後の日本語学習について話を聞いた[2]。

　サキは、アジアの多言語国家A国で暮らす大学生（当時）であった。A国に長期滞在する日本人家庭で生まれ育ち、学校では英語による教育を受けた。サキの家庭内言語は日本語であったが、一番得意な言語は英語であるという。仕事で忙しい家族に代わり、平日は住み込みのお手伝いさんと英語で会話を

する時間が長かった。また、英語で教育を行う現地校に通っていたことから
も、友人は英語話者ばかりだったという。そのため、日本語は夜遅くに帰宅
した家族との会話以外で使用することはあまりなかった。

　サキは 7 歳で補習校に入学し、小・中学校の 9 年間、毎週土曜日に補習校
に通う生活を送った。A国では、公教育においてバイリンガル教育が進めら
れている。サキも現地の小学校に入学すると同時に、中国語の学習が始まっ
た。英語と日本語に加え、学校で学ぶ中国語という三言語を使用する環境に
なったのである。中国語は、学校以外ではほとんど話す機会がなかったもの
の、小学生の頃は中国語のテレビドラマが好きだったこともあり、中国語の
成績は悪くなかった。しかし、大学生になる頃には中国語を使用することは
ほとんどなくなり、料理を注文する時など簡単な日常会話のみの使用に限ら
れているという。以下では、サキが補習校に入学した小学校 1 年生から、大
学 2 年生までの成長の時間軸にそって日本語学習をめぐるサキのストーリー
を記述していく。

2-1.　補習校への入学（小学校低学年）

　サキが補習校に入学したのは、日本の小学校 1 年生にあたる年齢の時であ
る。早生まれであるサキは、現地の幼稚園に通っている年齢であった。補習
校に入学したきっかけは母親からの薦めであったという。また、A国の補習
校へ入学するためには入学試験に合格しなければならないが、あまり記憶に
は残っていない。サキは、「（当時の受験勉強の様子や入学試験の内容などは）あ
んまり覚えていないけど気づいたらはいってみたいな」という。

　小学校低学年の頃は、「友達がいたし（補習校は）そんなに大変じゃなかっ
た」という。ただし、教科書の音読などの宿題は、「いつもぎりぎりにする
タイプで、学校の前の日に（お母さんに）手伝ってもらったり、行きのタク
シーの中でやったり」していた。自分の日本語については「できないなあ」
という思いがあった。日本語で書くことも話すことも難しいと感じていた。
いつも漢字テストで 100 点をとるクラスメートを見て、「日本なんか興味な
いからどうでもいいやって思ってた」という。

2-2. 小学校中学年

　小学校中学年になると、徐々に補習校での友達が少なくなっていった。同じクラスの女の子たちがほとんど日本へ帰国してしまったのである。また、小学校中学年の頃に、サキは補習校のゆっくりコースに配属されることになった。ゆっくりコースとは、日本語のレベルを下げたクラスであり、小・中学校の9年間かけて小学校6年生までの国語科の修了をめざすクラスである。コース選択については、自ら選んだのではなく「なんか気づいたらゆっくりコースだった」という。ゆっくりコースに配属されるのは、海外永住や長期滞在家庭の子どもが多かった。ゆえに、当初はサキも「あっちの速いほうのコース（標準コース）は日本に帰る子たちのコース」という意識があったという。「だから（海外長期滞在家庭だから）私はゆっくりコースにはいってるんだっていう解釈」をしていた。ゆっくりコースのクラスメートたちも、普段は現地校に通っている子どもが多く、サキの家族もゆっくりコースに配属されることに納得しているように見えたという。しかしながら、その後サキのクラスでは、徐々に補習校を退学するクラスメートが増えていった。最終的にサキは、クラスで一人だけの女の子になってしまったという。補習校には「単純に行きたくなかった」といい、宿題も最後までやらないようになっていった。小学校3、4年生の頃から、サキにとって補習校は辛い場所になっていったのだった。

2-3. 小学校高学年

　小学校5年生になると、補習校に通うことがさらに辛いと感じるようになった。その頃は、「日本語を勉強する意味がわからなかった」という。そして、小学校6年生になると、補習校に通う土曜日にはいつも怒りを感じるようになった。A国の現地校に通う子どもにとって、小学校6年生とは人生を左右するともいわれる小学校卒業試験のある大切な時期にあたる。試験の結果によって、セカンダリー・スクール（日本の中学校にあたる）に進学するための選抜が行われるからである。当時のサキは、「（自分を）現地の人だと思ってた」という。そして、「中学行くのに日本語（の試験）は必要ないのに何で勉強しなくちゃいけないんだ」という思いを抱えていた。その頃のサキ

にとっては、幼稚園からずっと使用してきた英語や小学校に入学して学んだ中国語が得意な言語となっていき、「日本語は一番下」という位置づけだった。日本語に対する興味をもつことのできなかったサキは、「なんか変な日本語って感じであんまり難しいことは話さないで、簡単なことだけ話してた。あんまり表現できなかった」という。一方で、中国語のテレビドラマをよく観るようになった。小学校卒業試験で一番よい点数を獲得したのが中国語であり、サキの中国語に対する自信が高まっていったのだった。

2-4. 中学校

　小学校を卒業し、数人だけ残ったゆっくりコースのクラスメートと共に、サキも補習校の中学部へと進学した。その頃のサキに、少し変化があった。小学校6年生が終わった頃に、日本のテレビドラマやアイドルをきっかけに「日本に興味が出てきた」のだという。その頃から、サキは「積極的に日本語を習おう」と思うようになり、日本語学習に対して前向きな気持ちをもつようになった。クラスのなかで女子生徒はサキだけだったが、補習校に通うことも「前ほど辛いと思わなくなった」という。そして、卒業間近の頃には、漢字テストで100点に近い点数をとることもできるようになった。サキは、少しずつ日本語ができるようになったと感じていた。

　その一方で、あまり自分の日本語に自信はもてなかったという。その理由は、「日本には暮らしたことがなかったから社会のこととか振る舞いとかも知らない」からだという。しかし、日本の文化を強制されるようなことも好きではなかった。「知りたいけど、必要な時に使いたい」と考えていたという。また、サキの在籍していたゆっくりコースでは、小学校6年生までの内容しか扱っていなかったため、自分の日本語を「中途半端」だとも感じていた。それでもサキは標準コースにはいりたいとは思わなかったという。そこには、自分がこの先日本で暮らすことがないという思いや、補習校の宿題が多くすべてをこなすことは難しいという事情があった。しかしながら、中学生になったサキは、日本語学習に対して以前よりも前向きな気持ちをもちながら、少しずつ自分のペースで日本語学習に取り組むことができるようになったのである。

2-5. 補習校卒業後

　補習校を卒業後、サキは、日本語学校などに通いながら日本語学習を継続することはしなかった。A国では、A国の教育省が提供する日本語クラスなどで、高校生になっても日本語を学ぶことができる。しかし、サキは、そのような選択はしなかったのである。その代わり、日本語の漫画を読んだりテレビドラマを観たりしていたため、漢字を覚えることができたという。また、家庭では家族とも日本語で会話をしていた。高校受験では、受験科目として日本語ではなく中国語を選択した。その頃の中国語のレベルや中国語に対する自信は小学生の頃ほど高いものではなかったが、結局は中国語をやめることはせず、大学に入学するまで中国語の学習を続けたのだという。その後、サキは現地の国立大学へ進学を果たす。

2-6. 大学生

　大学に入学し、サキの日本に対する思いに変化があったという。「せっかく日本とかかわってるんだからもっと日本のことを知りたいなって思い始めた」のだ。そこで、サキは、大学の制度を利用して日本の大学への留学プログラムに応募することにした。これには、日本に住んだことがないという理由や、日本であれば（国籍をもっているため）手続きが簡単であること、そして、日本でアルバイトをしてみたいという希望もあった。英語関係のアルバイトをしてみたいという。

　大学生になってからはあまり日本語を話す機会はなく、大学にいる日本人留学生の一人と話をする程度であるという。これまで日本人の友達があまりいなかったこともあり、日本語は「やっぱり初めて会う人にはぎこちない感じ」だという。「一番正直になれるのはやっぱり英語」であり、日本語は「初めての人とはあんまり話したくない」と感じていた。しかし、アルバイトで日本関係の仕事を経験したり、イベントで通訳をしたりした経験があり、自分のスキルとして日本語を活かしたいとも考えているという。大学1年生の時に日本語能力試験（JLPT）のN1にも合格した。このような経験は、履歴書に書くことができるので就職の際に役に立つと考えているという。

2-7. これまでの学習経験を振り返って思うこと

　サキは、自分が三つの言語を学んでくることができたのは、「やっぱり文化に興味をもって自分でやりたいと思ったから」だと感じている。とくに、日本語学習を続けてきたことについては、「そのおかげで今お母さんと仲がいいし、いろんなことが話せる」という。サキが大人になり、母親と興味が似てきたこともあり、好きな映画や政治の話もできるようになった。しかし、今改めて振り返ると「補習校は不満だらけだった」という。宿題が多いことや、「現地の教育で中学とか高校の試験には（補習校での学習が）役に立たない」と感じていたことが、その理由である。また、日本語使用を強制することについても、「子ども次第だと思う」が、周りが英語話者ばかりであるため、難しいのではないかと考えている。

3.　継承語学習をめぐる子どもたちの葛藤

　サキの語りからは、補習校での学習や日本語そのものに対して複雑な思いを抱えて成長してきたことが見えてくる。とくに補習校のゆっくりコースに振り分けられた小学校中学年から現地校の小学校卒業試験に集中しなければならない高学年にかけての4年間はサキにとってもっとも辛い時期であった。サキのクラスメートの多くが補習校を途中退学したのも、この頃である。

　中学生になったサキは、日本に興味をもつようになった。「日本なんか興味ないからどうでもいい」と怒りを覚えていた日本語学習に対して、積極的な気持ちをもつようになったのである。補習校の宿題の多さには困難を感じながらも、以前よりも前向きに学ぶようになっていた。中学校を卒業したサキの日本語学習の中心は、家族との会話や漫画、テレビドラマへと変化していった。そして、高校・大学への進学にあたっては、一番得意な言語だという英語と小学校から学んでいる中国語の力を使っている。高校生になり一度教育施設での日本語学習から離れることを選択したサキは、その後大学で再び日本に興味をもつようになる。そして、将来のキャリアのために日本語能力試験に挑戦したり、日本語を使ったアルバイトの経験を積んだりしていた。

　以上のようなサキのストーリーから見えてくることは、サキの人生には、

サキにとって日本語学習が必要ではないと思うタイミングと、反対に、日本語学習が必要だと思うタイミングの両方があったということである。そして、サキにとって日本語学習が必要なタイミングにおいて補習校が提供する日本語教育のあり方は、サキが必要とする日本語教育のあり方とかならずしも一致するものではなかった。その結果、サキは両者の狭間で複雑な思いを抱えながら補習校に通うことになったのである。

　サキにとって日本語学習が必要ではなかったと思われるタイミングとして顕著なのは、サキが現地校の小学校卒業試験に力を入れていた小学校高学年の時期である。怒りを覚えながら補習校に通っていたサキに必要だったのは、帰国準備教育のための日本語学習や、進度を落としたコースでの学習でもなかった。サキが高校・大学受験の際に自分で選択したように、一度日本語学習から離れることが当時のサキには必要だったのではないだろうか。あるいは、高校生の頃のサキがそうしていたように、家族との会話や漫画、テレビドラマなど、自分のペースで日本語とかかわることのできる環境がサキには必要だったのかもしれない。

　しかしながら、先行研究から見えてきたように、子どもたちが補習校から離れることは、「挫折」「失敗」「日本語学習の終了」とみなされる状況があった。そして、たとえ補習校に通いつづけたとしても、サキの語りにあったように自分の日本語が「中途半端」だと感じてしまうことがある。実際、サキが小学校中学年から在籍したゆっくりコースは、現在廃止となっている。進度を落としたコースを希望する子どもが少なかったのだという。進度を落としたコースにいることで、自分の日本語が「中途半端」だと感じた子どもも少なくないだろう。よって、補習校を中心とした継承語学習が子どもにとって意味のあるものとなるためには、補習校や日本語学習から離れたり、自分に合った進度やレベルで日本語を学んだりすることを「挫折」「失敗」「日本語レベルの低さ」と結びつけるのではなく、子どもたちの選択として肯定的にとらえていくことが必要なのではないだろうか。

4．おわりに──未来に向けて

　従来の継承語教育の文脈では、補習校に通いつづけることを日本語学習の成功ととらえる考え方があった。渋谷（2010）においても、スイスの日本語学校を中心としたコミュニティにおいて、日本語学習を続けていれば将来きっと「やっててよかったと思う」（やめてしまえば後悔することになる）という言説が語り継がれていることが述べられている。このような流れの背後には、子どもたちにとって日本語学習は当然必要だと考える思想が見え隠れしている。サキもまた複雑な思いを抱えながら補習校に通い、日本語を学びつづけた。しかしながら、そのことがサキにとっての成功体験になっているかというとかならずしもそうではない。サキは自らの日本語を「中途半端」であったと語り、日本語を学ぶ意味を見いだせなかった気持ちを振り返っている。つまり、サキの事例からは、継承語話者の子どもたちにとって日本語学習が必要だという前提が常に成り立つとは限らないことが見えてくる。子どもたちが日本語学習を必要とするか否かは、個々の置かれた状況や成長・発達の段階で多様に変化する。ゆえに、子どもたちにとって日本語学習が必要なものと暗黙的にとらえるのではなく、その前提を問いなおしたうえで子どもたちの継承語教育のあり方を考えていくことが重要である。

　では、補習校や日本語学習を必要としない子どもたちの存在をも肯定的にとらえていくために、どのような教育実践がもとめられるのだろうか。近年では「継承語」に代わる新しいことばとして「繋生語（けいしょうご）」が提唱され、日本の国語教育に基づく継承語教育から脱却しようとする動きがある（トムソン 2021）。これは、「海外在住の日本と繋がる子どもたちが親から受け継ぐことばも含めて、親や家族、友だち、社会との繋がりから生まれ、さらなる繋がりを生み、そこで新しい意味を生み出し、その繋がりを次の世代に繋げていくことば」（トムソン 2021：3）のことである。さらに、サキのように日本語を含む複数の言語を学びながら成長した子どもの主観的な言語能力意識を理解しようとする試みが行われている。川上・尾関・太田（2011）は、幼少期より複数言語環境で成長した大学生が自らの複数言語能力をどのようにとらえ、言語学習にどのように向かっているのか、またその

ことが自己形成にどのような影響を与えているのかを調査している。川上ら
は、学生たちの「日本語との距離感」と呼ばれる感覚に着目している。これ
は、学生自身が自らの日本語能力に向き合い、自分の生き方のなかに日本語
を位置づけていく感覚のことであるという。そして、学生たちは、「その成
長の時間軸にそって自らが納得する『日本語とのつき合い方』を見つける作
業を、日本語学習を通じて行っている」（p.67）と述べている。そのうえで、
「学習者にとって日本語を使うことが自らの生き方にどのようにつながるか
を意識する言語教育」（p.68）の重要性を指摘している。

　このような議論から、継承語話者の子どもたちが自らの「日本語との距離
感」を模索し、自らが納得する「日本語とのつき合い方」を見つけていく過
程を支援していくような教育のあり方がもとめられているといえる。そして、
サキのように一度補習校から離れたいと思った時に、補習校での学習を休ん
でもいい、自分に合った方法で日本語とかかわればいいと言ってあげられる
環境や、それをいっしょに考えてあげることのできる環境が必要なのではな
いだろうか。つまり、一人ひとりの子どもが「自分はこれでいい」と思える
ような「日本語とのつき合い方」を認め、それを後押ししていくための教育
実践が必要だということである。その際、日本語と距離をとろうとする子ど
もの考え方をも子ども自身の主体的な選択としてとらえていくことになる。
その意味で、これからの継承語教育では、子どもたちが将来的に日本語を
使って生きていく選択をしないことをも見据えて教育を行うことがもとめら
れるだろう。その具体的な教育実践を積み重ね、公開していくことが今後の
大きな課題になると考えられる。

注

1) 小谷（2017）によると、「補習校に通うこと＝子どもをバイリンガルに育てること」と
　いう幹の言説（バイリンガル思想）があり、そこから派生して補習校を途中退学したと
　いうことが、日本語学習の失敗、終了、挫折ととらえられるのだという。
2) サキの語りを直接引用している箇所は、「　」で示している。インタビューの詳細は、
　本間・重松（2021）を参照のこと。

参考文献

川上郁雄・尾関史・太田裕子（2011）「『移動する子どもたち』は大学で日本語をどのように学んでいるのか――複数言語環境で成長した留学生・大学生の日本語ライフストーリーをもとに」『早稲田教育評論』25(1), 57-69.

小谷裕子（2017）「幼少期に補習校に通った経験をもつ人たちへの理解のあり方の可能性を探る――カナダで補習校に通った3名のライフストーリーから」早稲田大学大学院日本語教育研究科修士論文（未公刊）.

佐藤郡衛・中村雅治・植野美穂・見世千賀子・近田由紀子・岡村郁子・渋谷真樹・佐々信行（2020）『海外で学ぶ子どもの教育――日本人学校、補習授業校の新たな挑戦』明石書店.

渋谷真樹（2010）「国際結婚家庭の日本語継承を支える語り――スイスの日本語学校における長期学習者と母親への聞き取り調査から」『母語・継承語・バイリンガル教育（MHB）研究』6, 96-111.

渋谷真樹（2013）「スイスにおける補習校と継承語学校との比較考察――日系国際結婚家庭の日本語教育に注目して」『国際教育評論』10, 1-18.

春尾泰子（2014）「多言語・多文化社会の継承語学習とアイデンティティ（再）構築――日本語学習に戻ってきた成人継承語学習者の事例から」『2014年度日本語教育学会春季大会予稿集』285-290.

東京学芸大学国際教育センター（2014）『海外子女教育の新展開に関する研究プロジェクト報告書――新しい補習授業校のあり方を探る』.

トムソン木下千尋（2021）「継承語から繋生語へ――日本と繋がる子どもたちのことばを考える」『ジャーナル「移動する子どもたち」――ことばの教育を創発する』12, 2-23.

中野友子（2017）「多様性に対応したブルックリン日本語学園での継承語教育の実践」『母語・継承語・バイリンガル教育（MHB）研究』13, 33-61.

本間祥子・重松香奈（2021）「海外長期滞在家庭の子どもは補習授業校での学習経験をどのように意味づけているか――補習授業校を卒業した大学生へのインタビューから」『母語・継承語・バイリンガル教育（MHB）研究』17, 92-108.

リー季里・ドーア根理子（2019）「北米の日本語学校における学習者のニーズの多様化」近藤ブラウン妃美・坂本光代・西川朋美編『親と子をつなぐ継承語教育――日本・外国にルーツを持つ子ども』（pp.147-159）くろしお出版.

Yoshimitsu, K.（2013）"Japanese-background students in the post-secondary Japanese classroom in Australia: What norms are operating on their management behavior?" *Electronic Journal of Foreign Language Teaching*, 10(2), 137-153.

第11章 | 「やさしい日本語より英語でしょ？」

日本の大学生に「やさしい日本語」を通じて伝えたいこと

吉開章

筆者は大手の広告代理店に長年勤めていた会社員で、在職中に日本語教育に関心をもち、2010年に日本語教育能力検定試験に合格したことをきっかけに、ネット上で日本語学習者支援コミュニティを開設して支援を行ってきた。そうしたなかで、日本語を学ぶ外国人が、せっかく勉強して日本に来ても、日本の人々が避けたり、英語で対応しなければならないと感じる現状に疑問をもつようになり、「やさしい日本語」の普及活動を行うようになった。2023年3月に会社を退職し、4月に一般社団法人やさしい日本語普及連絡会を立ち上げた。

　筆者は普及活動の一環として、大学等でゲストスピーカーとして若い世代の人々にやさしい日本語について対話する機会が多く、講義は学生たちに概ね好評であるが、なかには、やさしい日本語に疑問を感じ、「そもそもやさしい日本語は本当に必要なのか」「やさしい日本語より英語で話したほうがよいのでは？」といった問いを投げかけてくる学生もいる。本章では、筆者と大学生たちとのそうした対話を振り返りつつ、筆者がなぜやさしい日本語を若者たちに伝えたいのか、筆者自身の想いについて述べたい。

1. 学生からの質問

　大学のゲストスピーカーとして招かれ、講義する際、学生たちから様々な質問を受ける。以下、学生の質問と筆者の答えをいくつかあげる。表11-1の①から④が学生たちの質問の例で、①はやさしい日本語よりも英語で話したほうが気持ちが通じるのではないか、という疑問である。②は日本人同士ではやさしい日本語は使わないのだから、あえて外国人だけにやさしい日本語を使って話すことはかれらを特別扱いすることになりかえって壁を作ってしまうのでは、という疑問である。③は日本の児童がやさしい日本語を目にすることで「間違った日本語」を学ぶのでないかという疑問である。④は日本語学習者にとって敬語は難しいという筆者の話を聞いて、それでは、友達同士が使う「タメ語」を使えばいいのか、という疑問である。

　筆者にとって、こうした学生たちの疑問に答えることは、大切な学びの機会である。なぜなら、若い世代の人たちにとって、やさしい日本語の何が難

表 11-1　学生たちの質問とそれに対する筆者の答え

	学生の質問	筆者の答え
①	英語圏からの留学生などと交流する時に、やさしい日本語よりも英語で話すほうが心を開いてくれたように感じました。やさしい日本語はどの国の日本語学習者にも使うべきですか。	この論理でいえば、中国人には中国語で、タイ人にはタイ語で話すほうが心を開いてくれるという、当たり前の結論しか言っていないと思います。やさしい日本語に限らず「日本語学習者に日本人が日本語で話す」ということが当たり前に感じられないところに、日本人の言語に対する（もしくは英語に対する）向き合いのおかしさが表れていると思います。
②	日本人同士のローカルのコミュニティでは通常の日本語が用いられると思いますが、外国人の方に対して過剰にやさしい日本語を使うと日本人との間に心理的な見えない壁が生まれる可能性はないのでしょうか。	一期一会のような場面ではやさしい日本語は有効な手段ですが、地域や職場の仲間として迎える場合は、いつまでも「です・ます」のような言い方は壁を生むので、普通の日本語で話していくことも大事です。職場なら専門用語、地方なら方言にも慣れてもらう必要があります。しかしそれも迎え入れる日本人側が配慮しながらやるべきでしょう。
③	やさしい日本語が公共機関等でも使われることで、日本の児童等が間違った日本語を習得していくというリスクはあると思いますか。	やさしい日本語は非文ではありません。一方、「違くない」のような非文表現が時代の変化のなかで標準になっていく可能性もあります。同時代の異世代間で違う表現を使うことはよくあり、「正しい・正しくない」議論は避けられませんが、言語において何が「正しいか」、何が「やさしいか」は常に相対的なものだということを念頭に置く必要があります。
④	（敬語は日本語学習者には難しいという話に対して）敬語や丁寧語を使ってはいけないのですか。タメ語を使ったほうがいいのですか？　また外国の方は、どちらで話されたほうがうれしいのでしょうか。	普段の日本人の話す口調も、敬語も、どちらも初心者にはわかりにくいものです。です・ますの丁寧語で話すといいでしょう。うれしいかどうかは相手次第ですが、相手の言うことがわからなくてうれしいという人はいないのではないでしょうか。敬意を込めて難しい表現を使うことは、果たして誰のためなのか考えるといいでしょう。

しいのか、どこに抵抗感をもつのかを知ることができ、かれらにどう伝えたらよいのか考える機会になるからである。講義のあと、学生たちから、やさしい日本語の大切さがわかった、自分のことばの使い方を見つめなおすきっかけになった、といったコメントをもらうことは、筆者にとって大きな喜びであり、やさしい日本語の普及活動の大切さを実感する。以下、学生のコメントの例をあげる。

コメント例①
　私は今日本に来ている留学生の日本語作文の授業のボランティアをし

ていますが、その話を周りの人にした際に「英語教えてもらえるじゃん」と言われました。私は日本語のお手伝いをするんだよと伝えましたが、この感覚をもっている人が多いことが現状なのだろうと思います。だからこそ今回の授業で学んだことを自分から周りのひとに発信していきたいです。

<u>コメント例②</u>

　やさしい日本語を多くの人が使える社会になれば、外国人のみならず障がい者などマイノリティである人々が暮らしやすい社会に近づくのではないかと思う。だが、現状はやさしい日本語について理解している日本人は少ないと感じる。やさしい日本語が多くの人に認知されるために、私たち大学生に何ができるのか考えていきたい。

2. やさしい日本語の背景

　やさしい日本語は、1995 年の阪神・淡路大震災で外国人住民が多数被災したことの反省から、減災のために必要な情報をより伝えるため、社会言語学を専門とする弘前大学の佐藤和之が中心となって研究を開始した[1]。さらにその後 2000 年初頭になると、日系ブラジル人など定住外国人の増加により行政情報の発信や地域住民との軋轢などの問題が顕在化してきたことから、平時でも使えるやさしい日本語について日本語学・日本語教育学を専門とする一橋大学庵功雄を中心とする研究グループが取り組むようになった。やさしい日本語の経緯については『やさしい日本語――多文化共生社会へ』（庵 2016）を参照されたい。

　2018 年に「外国人材の受入れ・共生のための総合的対応策」が閣議決定され、政府は外国人労働者の積極受け入れに舵を切った。翌年 2019 年には超党派議員連盟の取り組みで「日本語教育の推進に関する法律」（日本語教育推進法）が成立し、外国人に対する日本語教育が国の責務と定められた。同時期に政令や省令でも行政や公共施設における多言語対応を推進することとなり、多言語の一つとして外国人にも理解しやすいやさしい日本語が位置づ

けられた。2023 年 5 月 26 日には日本語学校の教育内容などを国が審査・認
定する日本語教育機関認定法として「日本語教育の適正かつ確実な実施をは
かるための日本語教育機関の認定等に関する法律」が成立した。

　2020 年からの新型コロナに関する感染防止策やワクチン情報・給付金情
報などを確実に伝えるため [2)]、政府はやさしい日本語を含む多言語対応の体
制を急ピッチで整備した。2022 年には「外国人との共生社会の実現に向け
たロードマップ」が閣議決定され、5 年間にわたる政策パッケージのなかで
入管庁と文化庁がやさしい日本語の普及啓発に取り組むことになった。入管
庁と文化庁は2020 年に「在留支援のためのやさしい日本語ガイドライン」[3)]
を策定し、行政の文書は日本人にも理解が難しいことを認めたうえで、①日
本人にもわかりやすく整理する、②外国人にわかりやすく書き換える、③
ツールなどを使ってわかりやすさを確認するというステップを示した。

　これら外国人関連政策が本格化するなかで、日本で育つ海外ルーツの子ど
もたちへの調査も進められた。文部科学省（2022）の「日本語指導が必要な
児童生徒の受入状況等に関する調査（令和 3 年度）」の結果 [4)] によると、日本
語指導が必要な外国籍の児童生徒数は外国籍 4 万 7619 人、日本国籍 1 万 688
人の計 5 万 8307 人で、その数は年々増加している。外国人が定住できる社
会をめざすためには、外国人も安心して日本で子どもを育て、教育を受けさ
せられる環境づくりが必要であり、日本語を母語としない子どもや保護者層
に対応するため、学校教職員に向けたやさしい日本語の啓発活動が必要とさ
れている。

3.　大学生向けやさしい日本語啓発に取り組んだ経緯

　筆者は前述のとおり、前勤務先の在職中に日本語教育に関心をもち、
2010 年に日本語教育能力検定試験に合格したことをきっかけに、ネット上
で日本語学習者支援コミュニティを開設した。2016 年からやさしい日本語
をインバウンド接客に応用する「やさしい日本語ツーリズム」事業を故郷福
岡県柳川市で立ち上げ、各地でやさしい日本語の講演などをしてきた。
2020 年には講演内容を書籍『入門・やさしい日本語』（アスク出版）として公

開した。2023年4月からは退職したうえで、従前と変わらない活動を継続している。筆者は主に「コミュニケーション」におけるやさしい日本語に注目しており、最低限の心がけるべきポイントを「はっきり、さいごまで、みじかく言う」の各頭文字をつなげた「ハサミの法則」として現在に至るまで提唱している。

　また2017年ごろ先天的に聞こえない、または幼少時に失聴した「ろう者」にも日本語を第二言語とする人がいることを知り、日本語への向き合い方で外国人とろう者は類似していることに衝撃を受けた。これ以降講演の最後はろう者の事情で締めくくることにし、「易しい言語」だけに注目するのではなく、流暢でない日本語を話す人に対する「優しい気持ち」も重要であることを提唱している。2019年からは外国人や障がい者などと話すのを迂回し、同行している第三者に向かって話す「第三者返答」（オストハイダ2005）を紹介し、どんな場合も直接対話する姿勢が重要であることを盛り込んでいる。

　2020年に始まった新型コロナの影響で、自治体や国際交流協会などでの講演予定がすべてキャンセルとなり、活動は危機を迎えた。しかし新型コロナ流行直後でも教育機関は学びを止めることはできなかった。とくに大学は試行錯誤を繰り返しながらもオンライン授業および教室とオンラインを組み合わせたハイフレックス授業の体制を整えていった。筆者はFacebook上での日本語学習者支援活動を通じて大学の日本語教育関係者ともつながりがあり、書籍を出したこともあって、大学生向けのオンラインゲスト講義を関係者に広く申し入れたところ、想像以上の声がけがあった。これは筆者にとってもやさしい日本語の価値の広がりを実感することとなった。ゲスト講義をした大学・学校は、2020年度5校、2021年度21校、2022年度35校となっている。

　冒頭にあげた大学以外でも、ほとんどの大学で学生の感想を共有してもらっている。これら学生からの反応から、日本人の若者がやさしい日本語を学ぶ意義について考察する。講演招聘を受けた講座は、日本語教育関連以外にも多岐にわたった。対象とする分野は表11-2の三つに大別できる。

表 11-2　ゲスト講師招聘を受けた講座のタイプ

	分　野	目　的
A	日本語教育・多文化共生	・自身の日本語が非母語話者にとってどのように見えているのか、わかりやすく他者に伝えるとはどのようなことなのか考え、メタ的に日本語をとらえることにつなげてもらう。
B	異文化理解・国際交流	・大学生の多くが多文化間の交流、海外出身の方との交流というと英語または外国語を話さないといけないという考えがまだ強い。（日本語も外国語も）ちょっとしたコツを踏まえれば格段にわかりやすくなると知ることで、受講者が多文化間での交流に一歩踏み出せるようにする。 ・受講者が流暢ではなくても日本語でコミュニケーションをとりたいという人もいることを知ることで、自分の価値観だけで判断するのではなく、相手がどうしてほしいのかを考える姿勢につなげる。
C	基礎コミュニケーションスキル	・授業のなかでの受講者の発言でも「はっきり」「最後まで」「みじかく」言えないという状態がよく見られる。必要なことを正しく相手に伝えるために有効なスキルとしてやさしい日本語の理念を理解してもらう。 ・やさしい日本語について学ぶことで、受講者が自分の使うことばを軸に、人、社会のあり方に気づき、今後のことばを作る素としてもらう。 ・相手の立場に立って物事を考えるためにやさしい日本語の考え方を活用してもらう。

4. 筆者がやさしい日本語の講義を通じて若い世代の人々に学んでほしいこと

　筆者が若い世代の人々にやさしい日本語を伝えたいと思う背景に、次の四つの願いがある。

　　①若い世代の人々に外国人との距離を縮めてほしい
　　②英語だけ学べばよいという考えから脱却してほしい
　　③やさしい日本語を通じて、広い意味でのコミュニケーションスキルを高めてほしい
　　④学校教育においてもやさしい日本語を学んでほしい

①若い世代の人々に外国人との距離を縮めてほしい

　現在各地でやさしい日本語を学んでいる自治体職員や中高年地域ボランティアと違って、大学生のような若者は日本にいる外国人と比較的近い世代

である。厚生労働省の「令和2年賃金構造基本統計調査結果の概況」[5] では、留学を除く外国人労働者の平均年齢は33.3歳であり、技能実習では27.1歳、特定技能では28.1歳であった。また留学生が日本人大学生たちと同世代であることはいうまでもない。学生の感想を見ても、同じキャンパスの留学生、アルバイト先の同僚・客など、身近なところで外国人とかかわりがあるが、学生の話を聞くと、ことばの壁を感じて、かかわりをもつことを躊躇する学生も少なくない。やさしい日本語について学び、実際にやさしい日本語や様々なリソースを使って交流することで、ぜひ多様な言語文化的な背景をもつ人々との距離を縮め、お互いについて学び、共に社会に参加していくことを願っている。

②英語だけ学べばよいという考えから脱却してほしい

　講義を受講する学生の多くは国内学生であり、外国人といえば、英語で話すことを連想する学生も多い。このため、やさしい日本語の講義で学生に「在留外国人の96.6%が少なくともやさしい日本語なら話すことができる」という結果[6] を紹介すると、衝撃を受ける学生も少なくない。また、同じ大学で学ぶ留学生に関しても、日本語のレベルは多様であり、初級の学生でもやさしい日本語や様々なリソースを使って工夫をすれば、英語を使わなくとも交流がある程度できるということに気づいていない学生も多い。やさしい日本語を学び、交流を実践することで、交流の言語としての日本語の大切さをぜひ学んでほしい。

　学生のなかにはせっかく学んだ英語を外国人と練習したい、という気持ちをもっている学生がいることは理解できるが、やさしい日本語、英語以外の複数の言語、様々なリソースの使い方を学ぶことで、英語を多様な言語や交流のリソースの一つとして相対化できるようになってほしい。日本人が海外に出て活躍するうえで英語の重要さはいうまでもないが、それをそのまま交流の尺度にする不適切さについて、やさしい日本語を学ぶことで気づくことを願っている。

③やさしい日本語を通じて、広い意味でのコミュニケーションスキルを高めてほしい

　少子高齢化を背景とした大学全入時代に突入するなかで、入学者の基礎的な日本語力やコミュニケーションスキルの低下が課題となっており、日本語での実践的なコミュニケーションスキルを高めることが教育現場でもとめられている。卒業後、多様な言語文化的な背景をもつ人々とかかわり、共生社会で生きていくことになる高校生・大学生には、自分が伝えたいことばだけで表現するのではなく、相手の立場に立ち、相手が理解可能なことばや様々なリソースを使って、対話するスキルがもとめられている。やさしい日本語の教育は、相手に「優しい気持ち」をもって向き合い、寄り添うことを学ぶためにも役立つ。そうした広い意味で、多様な背景をもつ人々と共に生きていくための、コミュニケーションのスキルを身につけてほしいと願っている。

④学校教育においてもやさしい日本語を学んでほしい

　筆者は大学だけでなく、高校や義務教育においてもやさしい日本語の教育をしていくことがとても大切だと思っている。筆者が中学生の生徒向けに行った講演[7]では、生徒たちの講義への感想は大学生と同様の反応が多く、現在の大学生向け講演がそのまま中学生にも理解可能であることがわかった。筆者はこうした活動を通じて、子どもたちにもやさしい日本語の大切さを伝えていきたいと考えている。学校現場は日本語を母語としない子どもたちの指導に苦労しており、子どもたちがやさしい日本語を学ぶことで、こうした問題が少しでも低減されることを願っている。

　2022年8月国連は日本に対して障害者権利条約に関する勧告を出し、障害のある子もそうでない子も同じ学級で学ぶ「インクルーシブ教育」の実現をもとめた。社会の縮図を小さい頃に経験させるインクルーシブ教育は、マジョリティ側の子どもにも教育的であるものとされている。高校や大学では受験でふるいわけられることから、インクルーシブ教育の中心は公立の義務教育にある。さらには人の多様性には海外ルーツや性的少数派なども含まれる。外国人だけでなく障害のある人にも有効であるとされるやさしい日本語もまた、義務教育から取り扱うのにふさわしいテーマであろう。現在試行さ

れている現場の取り組みに文部科学省も注目し、教育課程で本格的に位置づけていくことを期待したい。

注

1) 弘前大学人文学部社会言語学研究室 減災のための「やさしい日本語」研究会（2016）『『やさしい日本語』が外国人被災者の命を救います」https://www.2020games.metro.tokyo.lg.jp/multilingual/references/pdf/160705forum/a-6.pdf〈2023.06.25 アクセス〉

2) 内閣府（2019）「経済財政運営と改革の基本方針 2019 について 」https://www5.cao.go.jp/keizai-shimon/kaigi/cabinet/honebuto/2019/2019_basicpolicies_ja.pdf〈2023.06.25 アクセス〉

3) 出入国在留管理庁（2020）「在留支援のためのやさしい日本語ガイドライン」https://www.moj.go.jp/isa/support/portal/plainjapanese_guideline.html〈2023.10.19 ア ク セ ス〉

4) 文部科学省（2023）「日本語指導が必要な児童生徒の受入状況等に関する調査結果について」https://www.mext.go.jp/content/20230113-mxt_kyokoku-000007294_2.pdf〈2023.12.28 アクセス〉

5) 厚生労働省（2020）「令和 2 年賃金構造基本統計調査結果の概況」5, https://www.mhlw.go.jp/toukei/itiran/roudou/chingin/kouzou/z2020/dl/08.pdf〈2023.06.25 ア ク セ ス〉

6) 出入国在留管理庁（2021）「入管庁令和 3 年度在留外国人に対する基礎調査」https://www.moj.go.jp/isa/content/001377400.pdf〈2023.10.19 アクセス〉

7) 筆者は 2021 年に千葉県八千代市睦中学校全校生徒向けの講演に招聘され、やさしい日本語でAI翻訳の精度をあげるタスクを通じて、外国人にもわかりやすい文は日本人にもわかりやすく、英語にしやすいことを教えた。また、2022 年には甲南女子大学の和田准教授のセッティングで、同大学向けゲスト講義が地元神戸市立本山中学校の 2 年生全員の教室にもオンライン中継された。

参考文献

庵功雄（2016）『やさしい日本語―― 多文化共生社会へ』岩波新書.

オストハイダテーヤ（2005）「聞いたのはこちらなのに……―― 外国人と身体障害者に対する『第三者返答』をめぐって」『社会言語科学』Vol.7(2), 39-49.

厚生労働省（2020）「令和 2 年賃金構造基本統計調査結果の概況」5, https://www.mhlw.go.jp/toukei/itiran/roudou/chingin/kouzou/z2020/dl/08.pdf〈2023.06.30 アクセス〉

出入国在留管理庁（2020）「在留支援のためのやさしい日本語ガイドライン」https://www.moj.go.jp/isa/support/portal/plainjapanese_guideline.html〈2023.10.19 ア ク セ ス〉

出入国在留管理庁（2021）「入管庁令和2年度在留外国人に対する基礎調査」https://www.moj.go.jp/isa/content/001341984.pdf〈2023.06.30 アクセス〉

内閣府（2019）「経済財政運営と改革の基本方針 2019 について」https://www5.cao.go.jp/keizai-shimon/kaigi/cabinet/honebuto/2019/2019_basicpolicies_ja.pdf〈2023.06.30 アクセス〉

弘前大学人文学部社会言語学研究室　減災のための「やさしい日本語」研究会（2016）「『やさしい日本語』が外国人被災者の命を救います」https://www.2020games.metro.tokyo.lg.jp/multilingual/references/pdf/160705forum/a-6.pdf〈2023.06.30 アクセス〉

文部科学省（2022）「日本語指導が必要な児童生徒の受入状況等に関する調査結果について」https://www.mext.go.jp/content/20221017-mxt_kyokoku-000025305_02.pdf〈2023.06.30 アクセス〉

吉開章（2020）『入門・やさしい日本語　外国人と日本語で話そう』アスク出版.

第12章 | テクノロジーは日本語学習を なくすのか

李在鎬

1．背景

　私たちの社会活動の多くが対面空間から仮想空間に移行するにつれ、学習
のあり方も変わりつつある。古典的な学習行動においては、答えを知ってい
るのは専門家であるため、課題解決のためには専門家に頼ることが必須条件
であった。「R」で因子分析をしたいのであれば、「R」の専門家に聞くのが
近道であるし、日本語を学びたければ、日本語教師という専門家に聞くのが
近道ということになる。しかし、現代的な学習活動においては、多くの答え
はウェブ上に存在し、教師も学習者もインターネットを介して答えを共有す
る時代になった。「R」の因子分析に必要なコードはウェブから簡単に取得
できる。アンディ・クラークがどんな人物かを知りたければ、ウィキペディ
アを見ればよく、広島風お好み焼きの作り方を知りたければ、YouTubeを
見ればよい。さらには、ウェブ上のAI（Artificial Intelligence）エンジンを使
えば、自身の文章を添削してもらったり、外国語で自己紹介の文章を作って
もらったりすることも可能である。つまり、日本語教師のみができるとされ
ていた活動さえもAIによって代替される時代になったのである。

　このようなテクノロジーの進化は、教育の民主化に貢献した。言語学習の
文脈でいえば、場所の格差を解消した点が評価できる。仮想空間上で日本語
が学習できる環境ができあがれば、日本にいようが外国にいようが、学習内
容の差がなくなる。そして、ウェブ上に存在する多くのコンテンツは、よい
かどうかは別にして無償で提供されることが多いため、金銭の有無が学習の
可否に影響することは少なくなることが予想される。このように仮想空間で
日本語が勉強できるという新たな選択肢が出てくることで、民主化が実現で
きる一方で、教室という物理空間で、わざわざ時間とお金を使って、専門家
からことばを学ぶということの価値が問われるようになった。これに加えて、
近年、AIの急速な進化により、翻訳や文章作成のような高度な言語的タス
クがコンピュータによって遂行できるようになっており、そもそも外国語を
学ぶ必要があるのか、という点も問われている。

　以下では、テクノロジーの進化がもたらした学習環境の変化を確認すると
ともに、それらが日本語の学習や教育に与える影響について考える。具体的

には、ウェブによる学習支援ツールの歴史、機械翻訳システムが学習に与える影響、大規模言語モデルに基づく生成系人工知能の可能性に注目する。これらの事例を通して、言語の学習は人間の自律的な営みであるため、テクノロジーによって代替できるものではないことを述べるとともに、言語教育と人工知能の共生に関して考える。

2. テクノロジーの出現が意味するもの

　新しいテクノロジーの出現によって教育が変わることは珍しくない。古いものでいえば、電卓が出現したことで、算数を学ぶ意味や目標が変わった。新しいものでいえば、MoodleやZOOMが出現したことで、教室で学ぶ意味が変わった。さらにいえば、クラウドの出現によって、自分の頭で覚える必要がなくなったし、AIの出現によって、学習することの意味さえも変わろうとしている。こうした状況を正しくとらえ、将来を予測するため、テクノロジーの進化を司る原理として「身体機能の拡張」と「効率化」というベクトルがもつ意味を考える必要がある。

　中世では馬車が、産業革命の時代には汽車が、現代では飛行機が提案されたが、これらは、いずれも足がもつ「移動すること」の機能的拡張を実現したものである。私たち人類は、これらのテクノロジーを利用することで移動の効率化を実現したのである。郵便、電話、ラジオ、テレビ、コンピュータ、スマートフォン、クラウドといったテクノロジーの発達によって、耳や口や脳の機能が拡張された。言語学習の文脈でいえば、電子辞書、ウェブベースのeラーニング、機械翻訳といったテクノロジーの出現によって学習が効率化され、能力の拡張が容易になった。電子辞書を使うことで、未知語の検索が容易になったし、eラーニングにおけるLMS（Learning Management System、学習管理システム）の活用によってすべての学習活動を自動で記録することが可能になった。機械翻訳を使うことで、母語の言語資源を活用し、学習者の言語能力を超える表現の生成が可能になった。

　こうしたテクノロジーの使用にはメリットとデメリットがある。電子辞書を使えば、短時間で無駄なく単語を調べることができるというメリットがあ

る反面、紙の辞書で行うように指で文字を読むという行為はできないというデメリットがある。紙の辞書を使えば、ページをめくることで前後の単語を確認しながら自然に語彙を増やしていくことができるが、電子辞書ではそのようなことはできない。eラーニングを使えば、最適化されたコンテンツで好きな時間にどこからでも勉強ができ、学習履歴をもとに次の学習項目を提示してもらえるメリットがある反面、コンピュータが示すコンテンツに対して受身になり、学習のモティベーションの維持が難しいというデメリットがある。機械翻訳を使えば、母語の言語資源を使い、自分の能力を超える外国語表現を発見することができるというメリットがある反面、過度な依存により、学習の動機づけを失う危険性も存在する。

　あらゆるテクノロジーは効率化を目的に進化してきたし、それを使うことで得るものと失うものがあることをわれわれは自覚する必要がある。とくにテクノロジーとの共生を考える際には、この失うものの存在を認識することが重要である。このことの詳細は、4節の事例で確認する。

3. 言語学習を支援するコンピュータテクノロジー

　1990年代から2000年代に、様々な教育機関でCALL（Computer Assisted Language Learning：池田2003）教室を作る動きがあった。教室設備の一つとしてコンピュータを使って語学学習を支援するというものである。その背景に言語の学習は、文学や経済学といったほかの学問と違い、講義を聴いたりテキストを読んだりするだけでは十分な学習が難しいという共通認識があった。言語学習においては、様々な音声を聞いたり、文章を書いたり、会話形式で話したりすることが必要である。こうした課題を解決するために、コンピュータがもつマルチメディアとしての特性が、早くから注目されたのである。より古いテクノロジーとしてカセットテープを利用したLL（Language Laboratory）の時代も同じ問題意識があったといえよう。

　CALLによって始まった言語学習におけるコンピュータテクノロジーの有効性は、表12-1に示す自律学習を支援するウェブシステムの存在からも確認できる。

表 12-1　日本語教育分野の学習支援システム

No.	名称	公開開始	目的	主な機能
1	リーディングチュウ太	1999 年	読解支援	辞書引き、語彙や漢字のレベル判定
2	あすなろ	2000 年	読解支援	係り受け解析、辞書引き
3	ナツメグ	2010 年	作文支援	推敲のためのアドバイス
4	jReadability	2013 年	読解支援	リーダビリティの解析、辞書引き、計量テキスト分析
5	jWriter	2017 年	作文支援	熟達度・論理性の解析、辞書引き、計量テキスト分析
6	Goodwriting Rater	2018 年	作文評価支援	ライティング評価支援

　表 12-1 は、李（2021）がまとめたもので、日本語教育分野で利用されてきたコンピュータ基盤のアセスメントツールである。これらのシステムを研究の変遷という観点からとらえると、90 年代、2000 年代のシステムは、形態素解析の技術を利用し、語を取り出し、語のレベルや意味を、データベースをもとに解説するものであったが、2010 年代のシステムでは、コンピュータが何らかの計算モデルを使って、入力文章の特徴をとらえ、文章がもつ潜在的な特徴である読みやすさや熟達度を評価するものである。たとえば、「jReadability」（李 2016）では、自然言語処理の分野で用いられる機械学習の方法が利用されており、コンピュータが知能をもつようになり、それを使って日本語学習を支援しているのである。

　このような学習支援システムは、機械翻訳とは違って、学習者が主であることが大前提で、学習を「代替する」のではなく、「支援する」という立場のものである。一方、コンピュータに知能をもたせているということにおいては、機械翻訳と通じるものがあり、人工知能時代の言語教育に対しても橋渡し役を果たしたともいえよう。

4.　機械翻訳と言語学習

　機械翻訳は、第二次世界大戦をきっかけに具体的な研究が進められた。1970 年代から 80 年代において、具体的なアルゴリズムが提案され、90 年代にはウェブサービスにおいても提供されることになった。そして、2000 年

代以降、ウェブの爆発的な進化と共に急成長をとげ、複数のシステムが公開されることになる。具体的には 2006 年に「Google翻訳」、2014 年に「みんなの自動翻訳@TexTra®」、2017 年に「DeepL翻訳」がサービスを開始し、自動翻訳の社会実装が進んだ。

こうした機械翻訳の進化を受け、外国語教育分野でも、機械翻訳によって外国語学習のための投資は不要な時代が来るという予測もされるようになった（Clifford et al. 2013）。こうした予測を現実のものにしたのが、2016 年に「Google翻訳」が導入したニューラルネットに基づく機械翻訳（Neural Machine Translation）である。

対訳辞書と構文変換規則を用いたルールベースの方法から始まった機械翻訳の技術は、対訳例の組み合わせと書換えによる用例ベースの方法、さらに膨大な対訳例と計算コストを投じる統計的機械翻訳に至り、使える技術の一つ程度として認知されるようになった。そして、ニューラルネットに基づく基盤モデルと自然言語処理の領域で使われてきた大規模なコーパスによって高精度の翻訳エンジンが提案されるようになり、いよいよ実社会において利用可能な技術として注目されたのである（須藤2019）。このことが確認できる具体例として、2017 年にドイツのベンチャー企業によって提案された「DeepL翻訳」や 2022 年にOpenAI社によって提案された「ChatGPT」があげられる。隅田（2022）によれば、現在の自動翻訳はTOEIC900 点の実力をもつようになったとされており、仕事のための英語学習はもう不要な時代になったという主張もある。

こうした機械翻訳の普及に伴い、直接的な影響を受けたのが外国語教育の分野である（Gally 2020）。外国語教育の研究者・実践者における新しいリテラシーとして、機械翻訳リテラシー（Bowker 2020）の必要性を唱える研究が出てきたり、機械翻訳を活用した実践例としてMTILT（Machine Translation in Language Teaching：田村 2023）というものが提案されたりする時代になった。

以下では、機械翻訳に対する教育界の反応を三つの観点から示す。一つ目として、教育の現場で機械翻訳はどのようにとらえられてきたのかを示す調査研究の事例を紹介する（4-1項）。二つ目として、機械翻訳の普及が学習に

与える影響について考える（4-2項）。三つ目として、機械翻訳と外国語教育のかかわり方について考える（4-3項）。

4-1.　機械翻訳の受け入れ

　機械翻訳の受け入れをめぐっては、学習者側と教員側でとらえ方が異なる。このことを示す研究として、Clifford et al.（2013）では、356名のスペイン語の学習者と43名の教員に対して、2011年に行った機械翻訳に関する意識調査の結果を報告している。調査の結果として、学習者の76％が機械翻訳を使用したことがあると回答しており、91％の学習者が語彙の意味を調べるためのソフトウェアとして使用していることを報告している。つまり、多くの学生がすでに機械翻訳を使用していることや使い方としては辞書のかわりとして機械翻訳を使用していることが明らかになった。また、書く活動と読む活動における補助ツールとして機械翻訳を使用している学習者が多いことも明らかにしている。一方、教員側では、8割程度が機械翻訳の使用を何らかの不正行為であり、言語学習の方法としては不適当であるととらえていることを報告している。また学習レベルによる有用性を問う質問に対しては、図12-1を報告している。

　図12-1を見ると、初級レベルでは機械翻訳の有用性を否定しているのに対して、上級に行くにつれ、有用という回答が増えている。こうした回答の

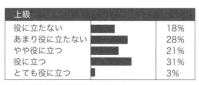

初級	
役に立たない	59%
あまり役に立たない	15%
やや役に立つ	15%
役に立つ	12%
とても役に立つ	0%

初級レベルでの機械翻訳の有用性

中級	
役に立たない	40%
あまり役に立たない	33%
やや役に立つ	18%
役に立つ	10%
とても役に立つ	0%

中級レベルでの機械翻訳の有用性

上級	
役に立たない	18%
あまり役に立たない	28%
やや役に立つ	21%
役に立つ	31%
とても役に立つ	3%

上級レベルでの機械翻訳の有用性

図12-1　Clifford et al.（2013：115-116）の調査結果

背景として、学習者自身が機械翻訳の間違いに気づくことができるかどうかの問題が関係している。つまり、習熟度が高い場合は、機械翻訳の間違いを確認できるため、機械翻訳の利用も有用であると考えられるが、初級の学習者の場合、機械翻訳の結果の正しさが確認できないため、学習においては有用ではないと考えられる。

　Clifford et al.（2013）の研究を理解するうえで、この調査が2011年時点で行われたことを前提とすることが重要である。この時代には、まだ機械学習の精度が十分でなく、機械翻訳の結果に関しても課題が多かった。不自然な表現が多く含まれ、翻訳システムの出力をそのままでは利用できない時代であった。そして、2010年代の後半になり、大量の対訳データを深層ニューラルネットによる機械学習する方法が広く用いられるようになるにつれ、機械翻訳の精度も向上した。こうした深層学習の導入による変化は、一般の人々も実感できるものであった。この変化を英語教育の文脈でとらえようとした調査として、小田（2019）があげられる。小田（2019）は英語教育の事例研究として、非英語専攻の学生に対して、2012年（回答者71名）と2019年（回答者90名）に同じ質問をし、その結果を報告している（表12-2）。

　まず、機械翻訳のサイトやアプリの使用経験をたずねる質問に関して、2012年にはClifford et al.（2013）と同様で、7割後半の利用率であった。しかし、2019年には96.7％が機械翻訳を使用したことがあると回答している。次に翻訳精度に関するQ2の質問においても深層学習による効果が確認できる。さらに、興味深い点として、Q3を見ると、学習者の多くは機械翻訳を禁止することに対しては消極的であり、正しい使い方を知りたいと考えていることがわかる。

　では、日本語教育においては、機械翻訳はどのように受け入れられているのだろうか。モリヤ（2019）の報告では、韓国で慶南大学校日語教育科の80％以上の学生が読解や作文などの日本語学習にNaverやGoogle等の機械翻訳のサービスを利用していることを明らかにしており、こうしたシステムを利用した実践の必要性を訴えている。また、李ほか（2023）では、ドイツ語圏の日本語学習者57名（日本学専攻）に対する調査結果を明らかにしているが、それによると、日本語学習において機械翻訳を使用している学習者は

表12-2　小田（2019）の調査結果

質問と回答の選択肢	2012年	2019年
Q1　翻訳サイト・アプリを使用したことがありますか？		
a. はい	77.0%	96.7%
b. いいえ	23.0%	3.3%
Q2　（Q1でa. はいを選んだ人）日本語から英語への翻訳はうまくいったと思いますか？		
a. うまくいったと思う。	9.0%	24.1%
b. 自分が考えた英語よりはいいと思う。	18.0%	48.3%
c. うまくいかなかったと思う。	64.0%	23.0%
d. その他（わからない・無回答など）	9.0%	4.6%
Q3　大学の課題を行う際に翻訳サイト・アプリを使うことを禁止する教員が多数います。あなたはどう思いますか？　一つだけ選んでください。		
a. 翻訳サイト・アプリを全面的に禁止すべき。	8.5%	2.2%
b. 禁止せずに使い方のコツを知って使うべき。	32.4%	74.4%
c. その他（個人の自由・辞書がない時に使用するのはよい・無回答など）	59.1%	23.4%

表12-3　李ほか（2023）の調査結果

	日本語の単語の意味を調べる	ドイツ語の単語の意味を調べる	日本語の文、文章の意味を調べる	ドイツ語の文、文章の意味を翻訳する
全く使わない	12（21.0%）	15（26.3%）	3（ 5.3%）	14（24.5%）
あまり使わない	14（24.6%）	17（29.8%）	11（19.3%）	17（29.8%）
時々使う	11（19.3%）	13（22.8%）	26（45.6%）	15（26.3%）
よく使う	20（35.1%）	12（21.1%）	17（29.8%）	11（19.3%）

56名（98%）に達しており、41名（75%）の学習者が複数の機械翻訳システムを利用していることが明らかになった。さらに、どんな活動において機械翻訳をよく使うのかを訪ねたところ、表12-3の結果となった。

　表12-3から、日本学専攻の日本語学習者の場合、日本語を入力とし、ドイツ語を出力とする使い方が多いこと、単語レベルの翻訳がもっとも多いが、文や文章レベルの翻訳も多くなっていることがわかる。つまり、日本語を読むための支援ツールの一つとして使用している可能性が高く、文レベルの利用も広がってきていることが明らかになった。

　李ほか（2023）の調査では、Clifford et al.（2013）で多くの教師が機械翻訳の使用を何らかの不正としてとらえていることを踏まえ、日本語学習者に対して、機械翻訳を使用することに関して罪悪感があるかどうかについても

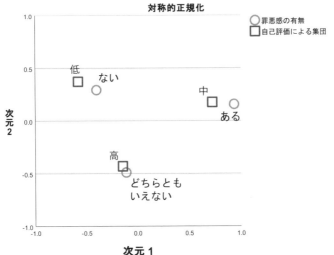

行ポイントと列ポイント

対称的正規化

○ 罪悪感の有無
□ 自己評価による集団

\#イナーシャの寄与率　次元1：0.833、次元2：0.167

図12-2　罪悪感の有無と自己評価ベースの能力集団の対応関係

たずねている。その結果、「罪悪感がある」という回答が13名（23％）、「（罪悪感が）ない」という回答が25名（44％）、「どちらともいえない」という回答が19名（33％）とあった。この回答をより深く理解するため、自己評価に基づく言語能力の程度（高・中・低の3水準）と罪悪感の有無（ある・ない・どちらともいえないの3水準）がどのように対応しているのかコレスポンデンス分析した（図12-2）。

　図12-2を見ると日本語能力が低い「低」の集団の場合は、罪悪感が「ない」と答えているのに対して、ある程度の日本語力がある「中」の集団は罪悪感が「ある」と答えている。そして、日本語力が高い「高」の集団に関しては、どちらともいえないと答えている傾向が見られる。

　以上の事例から、機械翻訳の受け入れに関する変数として利用者が学習者か教員か、深層学習による機械翻訳を導入する前か後か、学習者の日本語力が高いか低いかの要素が重要であることが確認できる。

4-2.　機械翻訳が学習に与える影響

　前節の調査事例から、多くの学習者においては、機械翻訳の使用が学習の前提になっている事実が確認できた。次の課題として、こうしたツールが学習に与える影響について把握する必要がある。どのような活動において、どのような学習効果をもつのかを具体的に知る必要がある。この問題に対して、英語教育の分野では、すでに研究が進んでおり、読む活動と書く活動において機械翻訳が有用と考えられてきた。とくに書く活動においては、ある程度の習熟度に達していれば、新しい文法や語彙を発見する効果があることも明らかになっている（Niño 2020）。このことを具体的に示した研究としてTsai（2020）とLee（2020）があげられる。

　Tsai（2020）では、中国語母語の英語学習者で英語を主専攻とする集団（CEFRのB2レベル、33名）と非専攻の集団（CEFRのB1レベル、31名）に対して、動画視聴後に英語で感想文を書かせるタスクを行った。機械翻訳を使う前と後を比較したところ、両集団とも機械翻訳を使用したあとの感想文のほうが語彙の延べ頻度も高く、正確性もあがったことを報告している。また、機械翻訳を支援ツールとして使用したことの感想をアンケート調査した結果、英語専攻の学生に比べ、非専攻の学生のほうが、満足度が高かったことも報告している。Lee（2020）では、韓国人の英語学習者に対して、Tsai（2020）と同様の調査をしているが、調査の結果として機械翻訳を使用したほうが語彙や文法の間違いが少なく、よりよい文章になったと述べている。

　Tsai（2020）やLee（2020）による実験研究は、いずれも機械翻訳がもつポジティブな効果を明らかにしたものであるが、より慎重な判断が必要であるという指摘もある。たとえば、Gally（2020）では、機械翻訳が言語学習に与える影響について、長期的かつ大規模な研究が必要であるが、そのような研究は存在しないことを指摘しており、はっきりしたことはいえないと述べている。その一方、動機づけとの関連については、次のように指摘している。「英語を使うことは必要だとの認識で学生が動機付けられている限り、この便利な新技術を日々使いつづけると、その動機付けを弱める可能性があるように思える。しかし、学生が外国語を勉強する理由は他にもある。言語に関連する人々や文化への魅力、文法と語彙やことばそのものの言語的側面

への関心、第二言語を使うことの本能的な楽しさなどである。このような動機は、MT（Machine Translation）によって害を受ける可能性は低いようである」（Gally 2020：9）。Gally（2020）の指摘を外発的動機づけと内発的動機づけの文脈でいえば、必要性ゆえに外発的動機づけから外国語を勉強する人にとっては、機械翻訳は大きな影響を与えるが、異文化への興味や関心などの内発的動機づけから外国語を勉強する人にとって、機械翻訳は影響は与えないということになろう。

　Gally（2020）は、受験との関連についても述べており、進学目的の入試などで機械翻訳の使用が許可される可能性は低いため、受験のための外国語学習への意欲は今後も維持されるが、長期的に機械翻訳の利用が進むと、受験の位置づけやテストのあり方にも影響を与える可能性があると述べている。こうしたことを踏まえた場合、機械翻訳の浸透によって文化学習のツールとしての外国語教育の存在が顕在化されていると見ることができる。つまり、実用目的の外国語学習は衰退し、教養や異文化理解としての外国語学習が注目される可能性がある。

4-3.　機械翻訳との外国語教育のかかわり方

　機械翻訳の社会実装が進む中、外国語教育にかかわるものは、どのような考え方をするべきだろうか。このことをめぐって、柳瀬（2022）では、機械翻訳の使用は目標言語の理解語彙を獲得していることが必要条件であるとしたうえで、人間と機械翻訳の関係性について以下の3原則を提案している。

　　1　機械翻訳は下訳の提案をするだけであり、翻訳の代行をするわけではない。
　　2　機械翻訳が提供する下訳には人間の判断と修正が必要である。
　　3　機械翻訳の利用について、人間が自覚的に主導権と責任を取る。

　柳瀬（2022）では、人間の知性は道具の使用を前提にするものであることを指摘しつつ、機械翻訳のAIも道具の一つと考えられること、外国語教育がAIという道具の使用を禁止することの合理的な理由はないと述べている。

さらに、機械翻訳の全面的な賛成も全面的な反対も非現実的であるし、言語教育の関係者は、一律的・抽象的にではなく、個別的・具体的に考えるべきであると指摘している。また、田嶋（2022）では、脱人間中心主義の観点からAIを肯定的に評価し、人間だけがオーサーシップを有するという考え方を再考する必要があると述べている。人間を操縦士とし、AIを副操縦士とする文章作成の可能性を考え、それを認めることが必要であると考えられる。

　機械翻訳と外国語教育のかかわり方は、言語教育観とも関係する。このことに関連して、柳瀬（2022）では、機械翻訳の使用に対してネガティブな感情を抱く外国語教育者や学習者の背景には「単一言語主義」が存在すると述べている。

　「単一言語主義」は、「複言語主義」と対立する概念で、歴史的には北米を中心に発達した「伝達モデル」に基づく言語教育と表裏一体の関係にある。「単一言語主義」や「伝達モデル」に基づく言語教育のアプローチでは、いわゆるネイティブスピーカーを言語学習の最終ゴールとして設定している。そのため、理想的な教師は目標言語の母語話者であると考えてきた。この考え方に基づくならば、いわゆる母語話者の教師が、目標言語だけを使って目標言語を教えることがよい教育とされる。日本語の授業であれば、日本語母語話者の教師が、日本語だけを使って、日本語を教えることがよく、授業中に学習者の母語を使用することを禁止したり、減点の対象にしたりする。こうした単一言語主義的思想に対して、欧州評議会は「複言語・複文化主義」を提唱している。「複言語・複文化主義」では、言語使用者が様々な言語的リソースを駆使し、自律的に他者と相互理解することの重要性を強調しているし、特定の外国語をネイティブスピーカー並みに「究める」ことを目標にしない。こうしたことを踏まえた場合、外国語学習者がもつ多様な言語的リソースの一つとして、母語の知識も活用しながら外国語を使用したり、学んだりすることが推奨される。このことを前提に機械翻訳の位置づけを考えると、機械翻訳は外国語学習者の豊かで自律的な言語使用を支援するツールになると考えられる。

5. 言語生成 AI と言語学習

　近年、自然言語処理の大規模言語モデルを利用したウェブサービスが登場し、テクノロジーとの共生が、学術界や産業界に限られずソーシャルイシューの一つとして浮上してきた。数千億規模のウェブ上のテキストを言語モデルと呼ばれる次の単語を予測するアルゴリズムで処理し、そこで得たモデルを使ったユーザーの質問に答えるウェブサービスを提供している。こうした仕組みそのものは、自然言語処理の古くから存在する技術であり、新規なものではなかったが、計算機性能の飛躍的向上によって、レスポンスの精度が大幅に向上したのである。大きなテキストデータとパラメーター数を増やせば増やすほど、精度は無限にあがっていく仕組みであり、結果的にはまるで自然言語を知っているかのように振舞う。このようにして作られた AI は、プロンプトと呼ばれるユーザーからの指示を受け、文章生成に関する様々なタスクをこなす。人間にかわって手紙を書いてくれたり、長い文章を要約してくれたり、翻訳をしてくれたりするが、その内部のメカニズムについては、開発した側も理解できていないものが含まれており、教育界での活用や外国語教育に与える影響などについては未知のものが多い。

　言語教育における活用例として、黄（2022）では、GPT2（Generative Pre-trained Transformer）を利用し、夏目漱石の作品で事前学習した AI 夏目漱石で日本語学習者に作文教育をする実践を行った。こうした AI 作家を用いた実践では、学習用のデータを変えることで、様々な応用が可能であるため、さらなる応用研究が期待される。英語教育分野の事例としては、Mizumoto et al.（2023）があり、GPT3.5 で英文エッセイを自動採点した結果を報告している。同じく李（2023）では、GPT3.5 と GPT4 に複数のプロンプトを与え、日本語作文の自動採点をした結果を報告している。これらの研究は、生成系 AI の教育活用の価値を示すと同時に、生成系 AI はまだ発展途上の技術であることも明らかにしている。こうしたことを考えた場合、生成系 AI に関しても、前節の柳瀬（2022）が提案する 3 原則に従って、人間による判断や修正が必要であるということを前提に使用するのが望ましい。

　生成系 AI や機械翻訳システムなどは、便利さばかりがフォーカスされ、

使い方に関するガイドライン作成や利用者同士の合意形成はおろそかになりがちであるが、学習や教育においては、人間が責任をもつということを意識する必要がある。同時に、こうしたツールの拡散が新たな格差を生むことがないように、工夫する必要もある。いわゆるICTメディアリテラシーの拡張として、AIリテラシーのようなものも今後の教育では、必要になるであろう。AIリテラシーを考える際にも人間が主であることに変わりはなく、人間本来のコミュニケーション能力が重要になる。

6. おわりに──AIと共生する言語教育

　人間とAIの共生は「競争しないこと」が大前提になるべきである。車と人間が100メートル走で競争した場合、どちらが速いかは自明なことである。あらゆるテクノロジーは人間の機能的拡張の産物である故、機能面で機械と人間が競争した場合、必ず人間は負ける。無意味な競争をしないためには、AIに対する過度な期待はもたず、AIがもつ道具性に対して、具体的に把握することが重要である。とりわけ、各AIエンジンの本来の目的や開発意図に即した評価が不可欠である。たとえば、ChatGPTのような言語生成を目的としたAIエンジンは文章生成を目的に作られたものである。そのため、平均的な情報をもとにアイデアを生成したり、文章を言い換えたり、要約したりすることは得意であるが、独創的なアイデアの生成や唯一無二の答えを示すことは不得意である。AIエンジンの特性を踏まえたうえで評価することが重要である。

　AIエンジンの正確な評価を行ったあとは、アナログの価値を再考することが必要である。デジタルテクノロジーは最適解を顕在化する。このことのよい面と悪い面を考える必要がある。たとえば、Googleマップを使えば、AIエンジンが導き出した出発地から目的地までの最適なルートが示される。そのルートにそって進めば、低いコストで移動できるメリットがある一方で、遠回りすることで得られる発見の機会は失われてしまうデメリットがある。Googleマップが示す最適なルートから離れたルートを行くことで、きれいな景色に出会ったり、新しいお店を見つけたりすることができる。こうした

発見は、最適解から外れることによってもたらされるものであり、アナログ空間の価値を考えるうえでも重要な観点になる。デジタル空間ではなしえないアナログ空間の満足感は、非効率的で無駄が多い行動によって得られるものではないか、人間中心の学習の本質もここにあるのではないかと考えてみるのはどうだろうか。言語学習の文脈でいえば、言語学習とは無関係な文化的な要素を入れたり、社会的な要素を入れたりして、無駄を最大化した教育、内発的動機づけを最大化した教育の価値が見直される時期に来ているといえる。なぜなら、外発的動機づけで意思疎通するためだけの言語学習は機械翻訳に取って代わられる時代だからである。言語教育にかかわるものは、こうした時代の変化を踏まえ、自らの立ち位置を再考する必要があろう。

参考文献

池田伸子（2003）『CALL導入と開発と実践——日本語教育でのコンピュータの活用』くろしお出版.

石井雄隆・近藤悠介（編）（2020）『英語教育における自動採点——現状と課題』ひつじ書房.

小田登志子（2019）「MTと共存する外国語学習活動とは」『東京経済大学人文自然科学論集』145, 3-27.

黄金堂（2022）「AI作家と日本語教育の可能性——夏目漱石の作品を例に」『2022年第5回AIと日本語教育の国際シンポジウム予稿集』69-75.

須藤克仁（2019）「ニューラル機械翻訳の進展——系列変換モデルの進化とその応用」『人工知能』34-4, 437-445.

隅田英一郎（2022）『AI翻訳革命——あなたの仕事に英語学習はもういらない』朝日新聞出版.

田嶋美砂子（2022）「翻訳のプロではない研究者／言語教育実践者が学術書を翻訳するということ——コモンズとしての共有知を目指して」『言語文化教育研究』20, 357-375.

田村颯登（2023）「学生の機械翻訳利用のモデル」小田登志子（編）『英語教育と機械翻訳』93-118, 金星堂.

田村颯登・山田優（2021）「外国語教育現場における機械翻訳の使用に関する実態調査——先行研究レビュー」『2021 MITIS Journal』2-1, 55-66.

水越敏行・久保田賢一（編）（2008）『ICT教育のデザイン』日本文教出版.

モリヤマサコ（2019）「大学生の機械翻訳の利用と日本語教育」『지역산업연구（地域産業研究）』42-1, 133-151.

柳瀬陽介（2022）「機械翻訳が問い直す知性・言語・言語教育——サイボーグ・言語ゲー

ム・複言語主義」『外国語教育メディア学会関東支部研究紀要』7, 1-18.

山内祐平（2020）『学習環境のイノベーション』東京大学出版会.

山田優・ラングリッツ久佳・小田登志子・守田智裕・田村颯登・平岡裕資・入江敏子（2021）「日本の大学における教養英語教育と機械翻訳に関する予備的調査」『通訳翻訳研究への招待』23, 139-156.

李在鎬（2016）「日本語教育のための文章難易度研究」『早稲田日本語教育学』21, 1-16.

李在鎬（2021）「書くことを支援する自動評価システム『jWriter』（特集AIやICTが変える言語教育）」『日本語学 2021 冬号』40-4, 42-51.

李在鎬（2023）「ChatGPTによる日本語作文の自動採点」『2023 年日本語教育学会秋季大会予稿集』158-163.

李在鎬・村田裕美子・三輪聖（2023）「ドイツ語圏日本語学習者は機械翻訳システムをどのように捉えているのか」『早稲田日本語教育学』35, 45-55.

Bowker, L.（2020）Machine translation literacy instruction for international business students and business English instructors. *Journal of Business & Finance Librarianship*, Vol.25, No.1-2, 25-43.

Clifford, J., Merschel, L., & Munné, J.（2013）Surveying the landscape: what is the role of machine translation in language learning?. *@tic. revista d'innovació educativa*, Vol. 10, 108–121.（https://doi.org/10.7203/attic.10.2228）

Gally T.（2020）大崎さつき・久村研（訳）「機械翻訳が日本の英語教育に与える影響」『言語教師教育』7-1, 1-12.

Lee, S. M.（2020）The impact of using machine translation on EFL students' writing. *Computer Assisted Language Learning*, Vol.33, No.3, 157–175.（https://doi.org/10.1080/09588221.2018.1553186）

Mizumoto, A. & Masaki E.（2023）Exploring the potential of using an AI language model for automated essay scoring. *Research Methods in Applied Linguistics*, Vol.2, No.2, 2772-7661.（https://doi.org/10.1016/j.rmal.2023.100050）

Niño, A.（2008）Evaluating the use of machine translation post-editing in the foreign language class. *Computer Assisted Language Learning*, Vol.21, 29–49.（https://doi.org/10.1080/09588220701865482）

Tsai, S. C.（2020）Chinese students' perceptions of using Google Translate as a translingual CALL tool in EFL writing. *Computer Assisted Language Learning*, Vol.35, 1250-1272.（https://doi.org/10.1080/09588221.2020.1799412）

おわりに

　『日本語学習は本当に必要か』は、普段私たちが当たり前のように思っていることを改めて考えさせてくれる本である。なかには当たり前であると信じて疑わなかったこと、当たり前ではないとわかっていても変えられないだろうと思っていたことなど、様々な例が含まれており、読んでいて今後の日本語教育、ことばの教育の未来を否応なしに考えざるを得なかった。なかでも本書を読みながら私が問いつづけた問いは、「われわれはいったいどういう国家・地域・コミュニティ・教育機関・家族を創っていきたいのか」、そして、その「われわれ」には誰が含まれるのかという問いである。この問いはシンプルなようだが、複雑で、かつ、政治的なものでもある。たとえば、国家の場合、国家のビジョンを決めるのは政治家や官僚だけなのか、そのなかに教師や教育関係者ははいらないのか、外国人居住者や日本語学習者は国家を創る一員として考えられているのか、あるいは、国家の労働力としてみなされているだけなのか、パスポートを保持しない者、該当言語を話せない者はその対話に参加する権利がないのか。私自身アメリカに25年以上居住しているので、これらの問題は他人事とは思えない。

　この本のタイトルは『日本語教育は本当に必要か』ではなく『日本語学習は本当に必要か』で、学習者の視点からのタイトルになっている。しかし、本書の第1章で書かれているように、本書は単純に、学習者にとっての日本語学習の必要性について述べているわけではなく、時代の変化や社会的な制約と連動して、日本語教育や日本語学習の意味を議論している。以下、そうした社会的な影響について考えながら、本書を読んで考えたことをまとめた。

留　学

　本書は、高等教育機関の事例として、日本での英語学位プログラム、日英ハイブリッドプログラム、理工系のプログラムが取り上げられているが、そ

れぞれの教育機関、そして、その教育にかかわる国家がこれらのプログラム
をどういうビジョンをもって推進しているのか、興味をもちながら読んだ。
従来の日本留学では、留学生に日本語で専門科目を学ぶための高い日本語力
をもとめてきたが、この言語の障壁が日本留学を難しくしている。そこで生
み出されたのが、英語で学位取得ができるプログラム、また、入口を英語で
受け入れ、在学中に日本語での専門科目の教育へと移行する日英のハイブ
リッドプログラムであると述べられている。これらの例から共通して明らか
になっているのは、学習支援だけでなく学生たちの支援環境（生活支援、就
職支援など）を整えていくことの重要性である。就職では外国人留学生に
「高い日本語力」をもとめている企業はまだ多く、就職活動を不安に感じて
いる学生も多い。また、授業の外で日本語を用いて人やコミュニティとどう
かかわっていく（いかない）のか、授業の言語の切り替え（英語の授業から日
本語の授業）にどう対応していくのかなど、本書ではかれらの在学中の葛藤
や違和感が明らかになっている。これらの研究は、村田章でも述べられてい
るように、これからの留学生が自分たちの経験を振り返り、葛藤や違和感に
どのように向き合えばよいのか考えていくためのリソースとして様々な人々
が活用できるものである。

　ここで改めて考えたいのは、高等教育機関、そして、国家がどのようなビ
ジョンをもってこのようなプログラムを生み出し、推進しているのかという
ことである。もちろん、少子化社会における大学の生き残りという現実的な
問題、ランキングをあげるための大学の国際化という施策はある意味切実で
あろう。しかし、そのような理由以外に、高度外国人材として留学生が将来
日本に貢献してくれることを期待するのであれば、それは国家の移民施策と
も密接に関連するものである。このような状況のなかで関係者（プログラム
担当者や教員など）が悩み、葛藤している姿が印象的であった。

就労と生活

　ビジネス日本語、介護の日本語について考える事例、地域の日本語や夜間
中学の事例はすべて、道具主義的な言語学習観に真っ向から疑問を呈してい
る。もちろん仕事においては当面の就労と資格取得が大切なのはいうまでも

218

ないが、学習者のキャリアを考えると、資格取得のための日本語学習だけでは不十分である。従来は日本語ができることで安定した職に就き収入が確保されるといわれていたが、それが幻想であったことは神吉章でも指摘されている。在学中の学生に比べると社会人は、多くの場合人生において何らかのビジョンをもち選択してその場所に来ている。では、企業、介護施設、そして、国家はどんなビジョンをもってかれら「外国人」を受け入れているのか。本書の事例では企業、介護施設のビジョンは様々であることが示されていた。しかし、国家には未来像が見通せるような包括的な政策もビジョン（たとえば、外国人受け入れ政策）もなく（神吉2020, 2021）外国人労働者は、相変わらず、生身の人間としてより労働力としてとらえられ、かれらの業務を円滑に進めるためだけに日本語教育の必要性が語られていることが示されている。

　地域の日本語について論じた中川章でも書かれているように、「日本語により円滑に意思疎通ができるようになること」（文化庁2020）を目的とする日本語教育支援施策は、外国人を日本語母語話者に近づけ、日本に順応させることが主旨のようである。これは「国籍や民族などの異なる人々が、互いの文化的ちがいを認めあい、対等な関係を築こうとしながら、地域社会の構成員として共に生きていくこと」（総務省2006）という多文化共生の定義とはある意味真逆であるし、本人たち、および、その家族の母語習得・保持などには目が向けられていない。ここまで「いったいわれわれはどういう国家・地域・コミュニティ・教育機関を創っていきたいのか」という問いを据えて事例を見てきたが、就労と生活がかかわってくるととくにその問いが「われわれはどんな人生を生き、どんな人になりたいのか（どんなキャリアを積み、どんな家族を創っていきたいのか）」という問いと絡み合っていることがわかる。

継承語とやさしい日本語

　人は人生を生きていくなかで常に選択を迫られる。その場合、大人はある程度主体性をもって自分の人生を選択していくことができるが、子どもの場合は、どこに誰と住むか、何を学習するか、とくに継承語として親の言語を学習するべきかどうかなどの決定において、親の意向が重視される場合も多い。そんななかで本間・重松章の、継承語話者の子どもたちが自らの「日本

語との距離感」を模索し、自らが納得する「日本語とのつき合い方」を見つけていく過程を支援していくという教育への提案は、関係者みなが（つまりこの場合、子どもと親と教師が）ある程度対等な立場で将来のビジョンを作っていくよい一例であろう。また、やさしい日本語に関しても、日本人の上から目線である意味配慮の押し付けのような「やさしい日本語」ではなく、外国人、日本人を問わず誰に対しても「わかりやすいことば（テーヤ 2019）」でコミュニケーションしていく姿勢が、対等な関係を築いていくためには必要であろう。「やさしい日本語」はそのどちらにもなりうるのである。

　この日本国外の補習校の事例だけでなく、地域の日本語教育、夜間中学の事例からも、いかに近代の学校というものが一人ひとりに柔軟に対応できないのかが露わになっている。本間・重松章では、一度補習校から離れたいと思った時に、補習校での学習を休んでもいい、自分に合った方法で日本語とかかわればいいと言ってあげられる環境や、それをいっしょに考えてあげることのできる環境の提供が提案されている。現にN高等学校やS高等学校、ミネルバ大学など新しいタイプの「学校」がどんどん現れてきているように、この柔軟な対応は補習校、地域の日本語教育、夜間中学だけでなく、これからの学校にますます必要になってくるものと考えられる。

テクノロジー

　『日本語学習は本当に必要か』どうかを考えるにあたって、その「日本語学習」にいったい何が含まれるのかを考える必要がある。それは時代や目的と共に大きく変わっており、とくに昨今のテクノロジーの発展がことばの学習に与える影響は無視できないものである。李章では人間とテクノロジーの関係について述べられているが、かれもいうように「あらゆるテクノロジーは人間の機能的拡張の産物である故、機能面で機械と人間が競争した場合、必ず人間は負ける」。つまり、共生の対象は外国人だけではないのである。今後はAIを含めたテクノロジーとどのように共存をはかっていくかを真剣に考えていくことが大切であろう。

むすびにかえて

　人々はあらゆる形で国家・地域・コミュニティ・教育機関の創造にかかわっている。そして、われわれが生きたい人生を生き、なりたい人になる（キャリアや家族を創っていく）ために、国家・地域・コミュニティ・教育機関を選択してもいる。ここで、最後にもう一度最初の問いに戻ってみたい。「われわれはいったいどういう国家・地域・コミュニティ・教育機関を創っていきたいのか」という問いを据え、本書の全章を読んだが、私の印象では語られているどの事例においてもそれぞれの政策において国家がどんなビジョンをもっているのかが不明確であった。神吉（2020）も述べているように、日本語教育推進法のような日本語教育に関する事柄を整理した法律が、他の施策と有機的に連携をはかるためには、上位に「移民法」「社会統合政策」などを明確に位置づける必要がある。しかし、そのようなビジョンを掲げるような法律、施策はまだ明確に提示されていない。日本は明治期、第二次世界大戦と大きな舵取りの変更を行っているが、今もそれらの時代に創ったビジョンのもとに国家づくりを行っていくのであろうか。今こそ新たな舵取りが必要な時期である。

　そして、このビジョン作成において重要なのは、本章のいくつかの章で指摘されているように、まず関係者の声を聴くことである。そして、「互いの文化的ちがいを認めあい、対等な関係を築こうとしながら、地域社会の構成員として共に生きていく」ためには外国人や日本人、大人や子ども、教員や学習者、ある特定言語の能力のあるなしなどを問わず「自由の相互承認（苫野 2014）」の重要性を公教育でしっかりと考えること、とくにことばの教育ではことばを用いてそれを体験、学習していくこと（たとえば「市民性教育（細川・尾辻・マリオッティ 2016）」）が重要である。ここでの「ことば」とは日本語、英語のような国家や地域で区切られた言語だけでなく、意味構築の際に用いられる様々なリソース、たとえば、マルチモード（フォントの大きさや色、画像など）、マルチセンサリー（匂いや味など）、表現媒体（ボディーランゲージや音楽、アートなど）などすべてを含むものである。そして、それは「社会・コミュニティ参加（佐藤・熊谷 2011）」をすることによって実現されていくのである。

人は何のためにことばを学習するのか。李章では、言語に関連する人々や文化への魅力、文法と語彙やことばそのものの言語的側面への関心、第二言語を使うことの本能的な楽しさなどがあげられていた。プレフューメ章では、人と出会い、社会に参加するような活動を通じて、価値観を揺さぶられ、自分自身を変えていくという視点を育むためであるともいっている。では、『日本語学習は本当に必要か』。この問いには絶対的な正答はない。それは、学習者本人を含む関係者たちがその場その場で判断し、自分たちの創造したい未来を見据え答えを出していくものであろう。

佐　藤　　慎　司

編著者一覧 （五十音順、［ ］内は担当、＊は共著の主筆。◎は編者）

小川美香（おがわ　みか） ［第 6 章］

広島大学教育学研究科博士課程後期途中退学。国際交流基金日本語専門家、国際医療福祉大学、名古屋大学国際言語センター非常勤講師などを経て、現在、筑波大学人文社会ビジネス科学学術院国際日本研究学位プログラム博士後期課程在籍。専門は、日本語教育学。

［主な論文］

「介護施設におけるインドネシア人候補者の日本語をめぐる諸問題 —— 日本人介護職員の視点からの分析と課題提起」（『日本語教育』156、2013 年、上野美香）

「外国人介護人材の「コミュニケーション力」再考 —— 就労現場における共有知識・情報・期待を前提に」（『日本語教育』176、2020 年）

「コロナ禍における介護の技能実習生受入れ現場との学び合い —— 参加型アクションリサーチによる主体的、対話的な日本語教育実践」（『社会言語科学』25(1)、2022 年）

神吉宇一（かみよし　ういち） ［まえがき、第 1 章、第 5 章］ ◎

大阪大学大学院言語文化研究科博士後期課程単位取得満期退学。海外産業人材育成協会（AOTS）、長崎外国語大学を経て、現在、武蔵野大学グローバル学部教授。専門は、日本語教育学、言語教育政策。

［主な著書・論文］

『未来を創ることばの教育をめざして —— 内容重視の批判的言語教育の理論と実践』（編著、ココ出版、2018 年）

『チャレンジ！多文化体験ワークブック —— 国際理解と多文化共生のために』（共著、ナカニシヤ出版、2019 年）

『The Global Education Effect and Japan: Constructing New Borders and Identification Practices（Politics of Education in Asia）』（共著、Routledge、2020 年）

「共生社会を実現するための日本語教育とは」（『社会言語科学』24 (1)、2021 年）

『オンライン国際交流と協働学習 —— 多文化共生のために』（共著、くろしお出版、2022 年）

『Open Borders, Open Society?: Immigration and Social Integration in Japan』（共著、Verlag Barbara Budrich、2022 年）

「公的日本語教育を担う日本語教師に求められるもの」（『日本語教育』181、2022 年）

『ことばの教育と平和 —— 争い・隔たり・不公正を乗り越えるための理論と実践』（共編著、明石書店、2023 年）

『よい教育研究とはなにか —— 流行と正統への批判的考察』（共訳、明石書店、2024 年）

河内彩香（かわち　あやか）［第３章］

早稲田大学大学院日本語教育研究科博士後期課程満期退学。東京大学、東京外国語大学、法政大学を経て、現在、京都大学国際高等教育院附属日本語・日本文化教育センター特定講師。専門は、日本語教育学、談話分析。

［主な著書・論文］

「日本語の雑談の談話における話題展開機能と型」（『早稲田日本語教育研究』3、2003 年）

「日本語の雑談における話題の展開方法」（『東京大学留学生センター教育研究論集』15、2009 年）

「講義の談話の提題・叙述表現」（共著、『講義の談話の表現と理解』、くろしお出版、2010 年）

「雑談における日本語母語話者と日本語学習者の『んだけど／んですけど』の使用状況——用法、前接要素、話題展開に着目して」（『早稲田大学日本語学会設立 60 周年記念論文集　第２冊』、ひつじ書房、2021 年）

『やさしいことばで国際交流——交流パートナーのための活動集』（共著、法政大学グローバル教育センター、2023 年）

佐藤慎司（さとう　しんじ）［おわりに］

コロンビア大学ティーチャーズカレッジ人類学と教育プログラム修了（Ph D）。ハーバード大学、コロンビア大学講師等を経て、現在、プリンストン大学東アジア研究学部日本語プログラムディレクター University Lecturer。専門は、教育人類学、日本語教育。

［主な著書・論文］

『文化、ことば、教育』（ドーア根理子と共編著、明石書店、2008 年）

『かかわることば』（佐伯胖と共編著、東京大学出版会、2017 年）

『コミュニケーションとは何か』（編著、くろしお出版、2019 年）

『ともに生きるために』（尾辻恵美、熊谷由理と共編著、春風社、2021 年）

『ことばの教育と平和——争い・隔たり・不公正を乗り越えるための理論と実践』（神吉宇一、奥野由紀子、三輪聖と共編著、明石書店、2023 年）

重松香奈（しげまつ　かな）［第 10 章］

東京外国語大学大学院総合国際学研究科博士後期課程修了、博士（応用言語学）。現在、東京外国語大学特別研究員、シンガポール国立大学語学教育研究センター非常勤講師。関心のある研究領域は、日本語教育、継承語教育。

［主な著書・論文］

「ADHD 児のコミュニケーション能力の向上を目指したピアノ指導——複数言語環境で育つ ADHD 児へのピアノ指導の実践を通して」（こども家族早期発達支援学会『早期発達支援研究』4、2021 年）

「多言語環境で育つ発達障害児の複数言語獲得に対する親の意識——シンガポールで育つ在外児童の事例から」（東京外国語大学総合国際学研究科『言語・地域文化研究』28、

2022 年)

「多言語環境シンガポールにおける日本語教育の試み —— 発達に課題を抱える子どもと親のエンパワーメント」（東京外国語大学総合国際学研究科博士論文、2022 年）

高橋朋子（たかはし　ともこ）[第 8 章]

大阪大学大学院言語文化研究科博士後期課程修了、博士（言語文化学）。近畿大学グローバルエデュケーションセンター教授。専門は、社会言語学、年少者の言語教育。

[主な著書・論文]

『中国帰国者三世四世の学校エスノグラフィー —— 母語教育から継承語教育へ』（単著、生活書院、2009 年）

「外国人住民が社会に求めるもの —— 中国にルーツを持つ子どもたちの中国語教育」（『中国語教育』18、2020 年）

「子どもの母語も育てる」『外国につながる子どもの日本語教育』（共著、くろしお出版、2022 年）

「コロナ禍と異文化間教育 —— 世界規模のコロナ禍から何を学んだのか」（『異文化間教育学』56、2022 年）

「学習者の多様な学びを支える日本語教育 —— 夜間中学で学ぶ外国人生徒の事例から」（『JOURNAL CAJLE（Canadian Association for Japanese Language Education)』23、2022 年）

「Japanese Language Education for Young Immigrants Who Are Beyond School Age: The Example of Filipino Students Attend High School After Public Night School」『Language Support for Immigrants in Japan Perspectives from Multicultural Community Building』（共著、Lexington Books、2023 年）

中川康弘（なかがわ　やすひろ）[第 7 章]

東京都立大学大学院人文科学研究科博士後期課程単位取得満期退学、博士（教育学）。神田外語大学等を経て、現在、中央大学経済学部教授。専門は日本語教育、多文化教育。

[主な著書・論文]

「地域日本語教育支援のあり方を規定する動きに抗う」（『語りの地平　ライフストーリー研究』Vol.3、2018 年）

「留学生は学内でどのように自己存在を示そうとしているか —— 『まなざし』と対峙する学部留学生の語りから」（『留学生教育』23、2018 年、留学生教育学会第 10 回優秀論文賞受賞）

「日本語教育の公的支援を通じた国家と市民の持続可能な関係 —— 親子の母語を大切にする地域日本語教室の実践者の語りから」（『言語文化教育研究』20、2022 年）

「日本語教育におけるパウロフレイレ教育論の趨勢」（『人文研紀要』102、2022 年）

長谷川由香（はせがわ　ゆか）［第 4 章］

神田外語大学大学院言語科学研究科博士前期課程修了。韓国・昌原大学校、法政大学等を経て、現在、慶應義塾大学日本語・日本文化教育センター専任講師（有期）。専門は、社会言語学、日本語教育学。

［主な著書・論文］

『長野県方言辞典』（共著、信濃毎日新聞社、2010 年）

『にほんごで文化体験──ことばと文化でつながる』（共著、アルク、2021 年）

『やさしいことばで国際交流──交流パートナーのための活動集』（共著、法政大学グローバル教育センター、2023 年）

「短期プログラムにおける文化体験のテキストの開発──対面とオンラインのハイブリッド文化体験に向けて」（共著、『多文化社会と言語教育』2、2021 年）

「理工系留学生にとっての日本語使用上の困難点と学習ニーズ──アンケート結果から」（『多文化社会と言語教育』2、2022 年）

「OPI 形式の会話コーパスに基づく質問分類──学習者の質問力向上を目指す基礎的研究」（共著、『日本語プロフィシェンシー研究』11、2023 年）

プレフューメ裕子（プレフューメ　ゆうこ）［第 9 章］

ベイラー大学教育学部大学院博士課程修了（教育学博士）。現在、ベイラー大学現代語文化学科上席講師。専門は、日本語教育、教育学。

［主な著書・論文］

「北米の学生の日本体験プログラムを通じた学び──東北被災地視察支援活動を中心に」（第 10 章共著、『大学における多文化体験学習への挑戦』ナカニシヤ出版、2018 年）

「東日本大震災の被災地での日米の大学生による国際共修プロジェクト──被災地に暮らす人々の魅力を発信する Humans of Minamisanriku」（共著、『言語教育実践 イマ x ココ』(8)52-63、ココ出版、2020 年）

「「言語の壁」を超えるトランス・ランゲージングの学び合い」（第 4 章共著、『多様性が拓く学びのデザイン』明石書店、2020 年）

「被災地の人びとの声を伝える多文化フィールドワーク」（Part III（2）共著、『フィールドワークの学び方──国際学生との協働からオンライン調査まで』ナカニシヤ出版、2022 年）

「協働の深さの模索──身近なテーマから SDGs のプロジェクトへ」「日本語学習者のための Scaffolding」（第 2、3 章共著、『オンライン国際交流と協働学習多文化共生のために』、2022 年）

『やさしいことばで国際交流──交流パートナーのための活動集』（共著、法政大学グローバル教育センター、2023 年）

『食で考える日本社会』（共編著、くろしお出版、2023 年）

本間祥子（ほんま　しょうこ）［第 10 章＊］

早稲田大学大学院日本語教育研究科博士後期課程修了。博士（日本語教育学）。早稲田大学、日本大学等を経て、現在、千葉大学大学院国際学術研究院助教。専門は、年少者日本語教育。

［主な著書・論文］

『「移動する子ども」という記憶と力 —— ことばとアイデンティティ』（分担執筆、くろしお出版、2013 年）

『移動とことば』（分担執筆、くろしお出版、2018 年）

『ナラティブでひらく言語教育 —— 理論と実践』（分担執筆、新曜社、2021 年）

「日本語を学ぶ子どもたちへのことばの教育は何を目指すのか —— 学校現場における年少者日本語教育実践の変革に向けて」（『早稲田日本語教育学』24、2018 年）

「年少者日本語教育における研究課題の変遷 —— 学校と教育の再構築へ向けて」（共著、『日本語教育』179、2021 年）

村田晶子（むらた　あきこ）［まえがき、第 1 章、第 2 章］◎

コロンビア大学教育大学院博士課程修了（教育人類学博士）。現在、法政大学日本語教育センター教授。専門は、教育人類学、言語文化教育、フィールドワーク教育。

［主な著書・論文］

『人類学・社会学的視点からみた過去、現在、未来のことばの教育 —— 言語と言語教育イデオロギー』（共編著、2018 年、三元社）

『大学における多文化体験学習への挑戦 —— 国内と海外を結ぶ体験的学びの可視化を支援する』（編著、2018 年、ナカニシヤ出版）

『チャレンジ！多文化体験ワークブック —— 国際理解と多文化共生のために』（共編著、ナカニシヤ出版、2019 年）

『外国人労働者の循環労働と文化の仲介 —— 「ブリッジ人材」と多文化共生』（単著、明石書店、2020 年）

『にほんごで文化体験 —— ことばと文化でつながる』（監修、アルク、2021 年）

『フィールドワークの学び方 —— 国際学生との協働からオンライン調査まで』（共編著、ナカニシヤ出版 、2022 年）

『オンライン国際交流と協働学習 —— 多文化共生のために』（編著、くろしお出版、2022 年）

『食で考える日本社会』（共編著、くろしお出版、2023 年）

「孤立する留学生のオンライン学習支援とソーシャルサポート —— コロナ禍でのボランティア学生の取り組み」（『多文化社会と言語教育』(1)14-29、2021 年）

「コロナ禍の『日本留学』 —— 外国人留学生の孤独とレジリエンス」（『多文化社会と言語教育』(2)1-15、2022 年）

吉開章（よしかい　あきら）［第 11 章］

1989 年東京大学工学部都市工学科卒業、同年（株）電通入社。2010 年日本語教育能力検定試験合格。政府交付金を得て 2016 年「やさしい日本語ツーリズム」企画を故郷の柳川市で実現。以来やさしい日本語の社会普及をライフワークとしている。2023 年独立し一般社団法人やさしい日本語普及連絡会を設立、代表理事に就任。

［主な著書・論文］

『〈やさしい日本語〉と多文化共生』（共著、ココ出版、2019 年）

『入門・やさしい日本語』（アスク出版、2020 年）

『ろうと手話　やさしい日本語がひらく未来』（筑摩選書、2021 年）

李在鎬（り　じぇほ）［第 12 章］

京都大学大学院人間環境学研究科博士後期課程単位取得満期退学。情報通信研究機構（NICT）、国際交流基金、筑波大学を経て、現在、早稲田大学大学院日本語教育研究科教授。専門は、統計モデルやデータ科学に基づく言語教育。

［主な著書・論文］

『データ科学×日本語教育』（編著、ひつじ書房、2021 年）

（所属は 2024 年 1 月現在）

【謝辞】本書の出版にあたって法政大学出版助成金を受けている。

日本語学習は本当に必要か
──多様な現場の葛藤とことばの教育

2024 年 2 月 15 日　初版第 1 刷発行
2024 年 8 月 15 日　初版第 2 刷発行

編著者　　　　　　村　田　晶　子
　　　　　　　　　神　吉　宇　一
発行者　　　　　　大　江　道　雅
発行所　　　　株式会社明石書店
　　　　　〒 101-0021 東京都千代田区外神田 6-9-5
　　　　　　　　電　話　03（5818）1171
　　　　　　　　Ｆ Ａ Ｘ　03（5818）1174
　　　　　　　　振　替　00100-7-24505
　　　　　　　　http://www.akashi.co.jp
　　　　　装丁　　　　明石書店デザイン室
　　　　　印刷・製本　モリモト印刷株式会社

ISBN978-4-7503-5713-3
（定価はカバーに表示してあります）

よい教育研究とはなにか

流行と正統への批判的考察

ガート・ビースタ [著]

亘理陽一、神吉宇一、川村拓也、南浦涼介 [訳]

◎A5判／並製／244頁　◎2,700円

エビデンスの蓄積を通じて教育を改善し、説明責任を果たしていく。新自由主義体制下の教育界を覆うこの「正統的」研究観は本当に「知的な」姿勢といえるのか。デューイの伝統に連なる教育哲学者ガート・ビースタが、教育研究指南書が語ることの少ない教育研究の前提じたいをラディカルに問い直す。

〈価格は本体価格です〉

ことばの教育と平和
争い・隔たり・不公正を乗り越えるための理論と実践
佐藤慎司、神吉宇一、奥野由紀子、三輪聖編著　◎2700円

共生社会のためのことばの教育
自由・幸福・対話・市民性
稲垣みどり、細川英雄、金泰明、杉本篤史編著　◎2700円

トランスランゲージング・クラスルーム
子どもたちの複数言語を活用した学校教師の実践
オフィーリア・ガルシアほか著
佐野愛子、中島和子監訳　◎2800円

多言語化する学校と複言語教育
移民の子どものための教育支援を考える
大山万容、清田淳子、西山教行編著　◎2500円

アイデンティティと言語学習
ジェンダー・エスニシティ・教育をめぐって広がる地平
ボニー・ノートン著
中山亜紀子、福永淳、米本和弘訳　◎2800円

新装版 カナダの継承語教育
多文化・多言語主義をめざして
ジム・カミンズ、マルセル・ダネシ著
中島和子、高垣俊之訳　◎2400円

言語マイノリティを支える教育【新装版】
ジム・カミンズ著　中島和子著訳　◎3200円

リンガフランカとしての日本語
多言語・多文化共生の日本語教育を再考する
青山玲二郎、明石智子、李楚成編著　梁安玉監修　◎2300円

家庭でバイリンガル・トライリンガルを育てる
親と教師が知っておきたい基礎知識　就学前を中心に
桶谷仁美編著　◎2800円

言語教育のマルチダイナミクス
多様な学びの方向性
杉野俊子監修
田中富士美、柿原武史、野沢恵美子編　◎3400円

グローバル化と言語政策
サスティナブルな共生社会・言語教育の構築に向けて
宮崎里司、杉野俊子編著　◎2500円

グローバル化と言語能力
自己と他者、そして世界をどうみるか
OECD教育研究革新センター編著　本名信行監訳
徳永優子、稲田智子、来田誠一郎、定延由紀、西村美由起、矢倉美登里訳　◎6800円

「つながる」ための言語教育
アフターコロナのことばと社会
杉野俊子監修　野沢恵美子、田中富士美編著　◎3400円

言語と貧困
負の連鎖の中で生きる世界の言語的マイノリティ
松原好次、山本忠行編著　◎4200円

言語と格差
差別・偏見と向き合う世界の言語的マイノリティ
杉野俊子、原隆幸編著　◎4200円

言語と教育
多様化する社会の中で新たな言語教育のあり方を探る
杉野俊子監修　田中富士美、波多野一真編著　◎4200円

〈価格は本体価格です〉